Uma Vida do Avesso

Uma Vida do Avesso

Mariana Laranjeira

Autor: Mariana Laranjeira
Design da capa: Mariana Laranjeira
ISBN: 9798479120350
© Mariana Laranjeira

Agradecimentos

Aos meus filhos, aos meus pais, aos meus amigos, aos profissionais médicos, a todos os que cruzaram a minha vida e que estão no meu coração e a todos aqueles que padecem deste transtorno e me inspiraram a escrever este livro, Obrigada!

Ao meu amor, não o primeiro, mas que acredito ser o último, António Valente Cardoso, obrigada pela paciência, amizade, tolerância e respeito com que lida comigo, com a minha intensidade, com a minha "diferença" e pela paz que me proporciona quando eu mais preciso. Sem o seu apoio, este livro não se teria transformado em realidade.

Nota: Todos os poemas aqui citados são da minha autoria, exceto aqueles devidamente identificados com outro nome.

PREFÁCIO

Era uma vez uma menina... tentava ser boa, justa e correta. Mas tudo o que recebia era castigo pois não entendiam as suas atitudes, as suas emoções, nem os seus sentimentos. Então, ela perdia, perdia o seu brilho, a sua vontade de sorrir, a sua vontade de continuar. Ao mesmo tempo era brilhante, teimosa, obstinada, decidida a não desistir, a fazer o bem aos outros, a dar aquilo que não recebia, pois assim era ela mesma. Era muitas vezes um bichinho assustado e inseguro, ao mesmo tempo que era cheia de vida, de intensidade, lutava contra um complexo de diferença, auto critica e inferioridade.

Quando estava frágil, o medo era de tudo: de não ser justa com ela ou com alguém, das angústias, receios, desamores, de tudo o que lhe provocava dor. E em outros tantos momentos sabia exatamente o que queria, as causas e por quem lutar, os sorrisos, abraços e amor que devia dar, menos a intensidade com a qual viver.

Por dentro chorava por tudo que se perdeu, por tudo que não chegou a ser, pelo muito que amou e não a amaram, pelo que tentou ser justa e não o foram com ela. Tem medo do abandono, de perder, de continuar a viver, do mundo continuar a desabar em cima dela.

Tem receio de morrer tantas vezes por dentro e ter de continuar a renascer. O seu coração sangra, com uma dor só dela que não consegue transmitir, tem medo de pedir que a deixem em paz, tem medo de magoar e perder quem está com ela.

Dizem que às vezes é preciso perder para ganhar. Perdeu muito, mas também ganhou imenso. O único amor da vida, verdadeiro, incondicional, os seus filhos. Mas, com eles veio o medo e a angústia que sente que eles irão ter quando a perder...

Eu posso ter tudo, amor, amizade, dinheiro e felicidade, mas não deixo nunca de sentir o vazio...

INTRODUÇÃO

Inicialmente comecei por escrever este livro há três anos atrás, era suposto ser a minha autobiografia, rica de histórias e vivências marcadas por muitas pessoas que cruzaram a minha vida e eu a delas. Por vezes de uma forma especial, por vezes de uma forma árdua, difícil e agressiva, tal como a vida é com os seus altos e baixos.

Percebi que não o podia fazer sem que falasse e assumisse que tinha um transtorno de personalidade, o transtorno de personalidade borderline. Muitos dos meus amigos me disseram: "Vais expor o teu problema, não tens vergonha?".

Claro que não! Nunca tive vergonha de assumir a verdade, os meus problemas, de assumir que fui vítima de violência doméstica, de mostrar aos outros que não estão sozinhos. Porque haveria de sentir vergonha por todas as situações e experiências dolorosas que fizeram de mim a mulher resiliente que hoje sou? Porque haveria de ter vergonha de ter uma doença neurológica? Não é culpa minha, não fui eu que escolhi ter este transtorno, não tenho culpa. Tal como qualquer outra doença, podemos tratá-la, amenizá-la. Nunca vai desaparecer, está sempre aqui, mas com os tratamentos e as pessoas certas à nossa volta, podemos ter uma vida quase "normal".

Escrevo este livro, pois este transtorno, esta condição ainda mal conhecida e falada, é muito estigmatizada por uma grande parte de profissionais médicos que o confundem com outras doenças mentais do foro psicológico.

Escrevo este livro, não só para mostrar esta personalidade tão complexa e incompreendida, como para ajudar as muitas pessoas que tais como eu não foram entendidas ou foram mal medicadas porque existe falta de informação, o que leva a que o problema verdadeiro seja diagnosticado bastante tarde, às vezes tarde demais...

Escrevo este livro para mostrar às muitas pessoas que não estão sozinhas e que sofrem deste transtorno, que quanto mais cedo for diagnosticado em nós, nas nossas crianças, nos nossos familiares, nos nossos amigos, mais depressa teremos os meios certos para lidar com ele.

"Transtorno da personalidade borderline (TPB) é um padrão de comportamento anormal caracterizado por instabilidade nos relacionamentos interpessoais, instabilidade na imagem de si próprio e instabilidade emotiva. Em muitos casos observa-se comportamentos de risco e auto lesão. A pessoa pode também debater-se com uma sensação de vazio e medo intenso de abandono emocional. Os sintomas podem ser desencadeados por eventos aparentemente normais. O comportamento tem geralmente início no começo da idade adulta e ocorre em diferentes contextos. Em muitos casos a condição está associada a outras perturbações, como abuso de
substâncias, depressão e perturbações alimentares. Até 10% das pessoas afetadas morrem por suicídio."

Fonte: WIKIPÉDIA

Emocionalmente, as pessoas com personalidade borderline experienciam muito frequentemente sentimentos de vazio, grande instabilidade afetiva e, por vezes, uma raiva intensa e exagerada. As suas relações interpessoais são habitualmente intensas, instáveis e conflituosas. Têm dificuldade em manter relações, amizades, empregos, têm por vezes dificuldade em estar com quem quer que seja. A nossa vida assemelha-se a uma montanha-russa de altos e baixos, picos de emoções, sentimentos, dor...

Pessoas com este transtorno têm geralmente, um medo intenso do abandono (real ou imaginado), e uma tendência para se auto agredirem, através de comportamentos tão diferentes como o abuso de substâncias, a automutilação ou auto lesão e, em casos extremos, o suicídio.

A baixa tolerância à frustração no paciente borderline, enraizada em frustrações precoces e repetidas sem envolvimento afetivo compensador e reconfortante, está na origem de uma das características da sua personalidade – a passagem ao ato irracional, ou seja, por vezes passar à ação de forma agressiva não depende da razão, mas da sua emoção, pois não conseguem controlar a sua mente.

Do ponto de vista cognitivo, apresentam frequentemente uma autoimagem negativa e uma tendência para perceber apenas aspetos negativos ou positivos, alternadamente na imagem de si e dos outros. Frequentemente verbalizam pensamentos de auto desvalorização (eu sou fraco, eu sou um caso perdido, eu sou inferior, eu não presto, etc..) e de ausência de controlo (vai ficar cada vez pior, eu vou perder o controle, não serei capaz de tolerar, eu vou chorar, não serei capaz de parar, eu tenho vontade de morrer, eu não quero viver mais neste mundo etc..). A ausência de regulação emocional, cognitiva e comportamental gera vários episódios de depressão e de ansiedade que por vezes, atrasam e mascaram o verdadeiro diagnóstico.

Viver com uma pessoa com transtorno de personalidade borderline (TPB) gera grande sofrimento e inquietação nos amigos, companheiros e famílias e vida profissional. Na maioria das vezes nem as próprias pessoas encontram razões para as suas emoções e comportamento. É cansativo, frustrante, e muitas vezes desgastante lidar connosco, com os outros que tal como nós sofrem do mesmo "mal".

Mas não é impossível, não é impossível, apenas é difícil chegar a um ponto na nossa vida em que quase conseguimos encontrar um equilíbrio. Apenas necessitamos da informação, de nos reconhecermos como doentes, dos profissionais de saúde certos e principalmente, especialmente rodearmo-nos das pessoas certas. Aquelas que nos amam incondicionalmente, que têm conhecimento do nosso transtorno e que percebem e aceitam a nossa "doença". Como se costuma dizer: "Informação é poder"

Quanto mais conhecimento tivermos, quanta mais informação existir, mais saberemos e conseguiremos lidar com este problema.

CAPÍTULO 1

O MUNDO NECESSITA CADA VEZ MAIS DOS DIFERENTES

"Graças a ti estou a descobrir defeitos em mim que não imaginava. Por isso, antes de qualquer coisa, tenho de te agradecer por teres entrado na minha vida..." Desde criança que costumo ouvir o mesmo. Vezes e vezes sem conta, entrei na vida de outras pessoas e fiz com que vissem coisas em si mesmos que nunca acharam possível. Agora olho para trás e acredito que a minha intensidade, a minha forma "cheia de vida" de estar, a minha sinceridade por vezes fria e crua, foram o que marcou essas pessoas.

Uma bênção ou uma maldição?

Ser sincera não tem nada de mal, mas será que os noventa por cento da população estão preparados para ouvir os dez por cento que são diferentes, são verdadeiros, são sinceros?

Afinal, porque vieste a este mundo? Para sobreviver ou para viver? Para seres mais um no meio da multidão? Não. Cada um de nós é diferente, cada um de nós tem uma alma, uma essência. E isso, isso é exclusivo. Ninguém é igual a ninguém, nenhuma alma é igual à a nenhuma, nenhuma é igual à tua.

Cada um de nós faz parte de um todo. Um todo que no conjunto faz o universo trabalhar. Tal como numa máquina, cada peça, por mais minúscula que seja, é imprescindível para que a máquina continue a girar.

O mundo necessita cada vez mais dos diferentes, daqueles que fazem a diferença. O mundo precisa de ti, da tua sinceridade, da tua verdade, da tua intensidade, da tua emoção, da tua essência. Tudo é muito, e muito ainda é pouco, para mim, para quem é assim...

Tal como olhas para o céu e vês cada estrela a brilhar, tal é como o teu tempo na Terra, um pontinho de luz a iluminar todos os que estão à tua volta. Consegues sentir a magia da luz? Consegues ver o esplendor de uma constelação?

Então, quando vires a tua essência e o quanto ela brilha, o quanto ela é diferente, aí sim, vais poder iluminar todos à tua volta, todos aqueles que cruzam

o teu caminho e tu o deles. Acredita no teu poder,
ele é teu, só teu e de mais ninguém!

"Aqueles que passam por nós não vão sós e não nos deixam sós. Deixam um pouco de si, levam um pouco de nós." (Antoine de Saint-Exupéry)

A verdade, a verdade sobre nós... A verdade, essa palavra nua e crua que nem sempre é dita da melhor forma ou é aceite da melhor maneira. Eu que o diga! Por norma, as pessoas só vão gostar de ti se estiveres calado, ou então quando morreres. Aí, todos aparecem e dizem o quanto eras boa pessoa e o quanto foste importante para elas quando os ajudaste! Pena que só o façam quando já estás fria e calada para sempre. Até ali, foram esses mesmos que te criticaram, que te adoraram, a tua intensidade, a tua forma única de ser, difícil de ser comparada a qualquer outra.

Nada é eterno, hoje estás vivo, amanhã não estás; hoje a tua essência brilha, amanhã estará a brilhar noutra alma, noutro universo. Isso, se tu brilhares. E meus amigos, eu brilho, todos nós de uma forma ou outra brilhamos! No bem ou no mal, com intensidade ou sem ela, a luz nunca deixou de brilhar, a luzinha nunca se apagou, mesmo que por vezes fique muito ténue, quase apagada, quase fundida...

No fundo eu gosto é das fases eufóricas, sinto-me um diamante em bruto, lindo, mas sempre brilhante! Infelizmente, a nossa mente e a das outras pessoas com as quais somos obrigados a conviver, não conseguem suportar tanta velocidade e pressão. Se não fosse isso, seria espetacular estar constantemente cheia de adrenalina e emoção!

O problema dessa fase "eufórica" está no mal que provoco a mim mesma e a quem me rodeia. Se não fosse isso, estaria ótima, excelente, a minha luz nunca deixava de dar nas vistas, de estar cheia de brilho e intensidade...Nem sempre da forma mais nítida, nem sempre da melhor forma, da maneira mais correta, mas sempre brilhei, talvez pelo exagero de "vida", cheia de intensidade, sempre fui "diferente" dos demais!

O que eu odeio mesmo e detesto, é quando estou na fase depressiva, em baixo, no vazio, no fundo do poço. Aqui reside o verdadeiro problema de verdade, pois é quando tenho dificuldades e não consigo levantar-me facilmente. Tenho de ter cuidado, pois é onde me posso magoar mais, sou capaz de muitas asneiras contra mim mesma, contra aqueles que eu mais amo.

É aqui que sinto um vazio, um vazio crónico, angustiante ao ponto de não conseguir viver, ao ponto de não perceber o porquê de viver, ao ponto de não entender o porquê de estar aqui, neste mundo. É um vazio dentro de mim, onde nada nem ninguém o conseguem preencher.

É aqui que começam os altos e baixos de pensamentos, todos emaranhados em emoções que vão sempre dar aos piores pensamentos possíveis e imaginários: de como magoar ou fazer mal a mim mesma e aos outros à minha volta, por muito que essa não seja a minha vontade, o meu desejo, mas por muito que o deseje, não o consigo evitar, é mais forte do que eu!

Não sei o que há de errado, não entendo o porquê de ter ficado assim de repente, não percebo o que me tirou do sério, da estabilidade, da felicidade, da normalidade. Não entendo o porquê de estar bem e de repente ficar mal. Como é possível amar e odiar tudo junto ao mesmo tempo? Como podemos dar o melhor de nós num minuto e no outro sermos o nosso pior inimigo? Como podemos ser especiais ao mesmo tempo que nos tornamos num monstro para nós e para os outros? Como?

As histórias que se seguem elucidarão sobre a minha vida como borderline desde criança e darão a minha visão sobre isso. As histórias que se seguem são a minha vivência, não desde a adolescência, mas desde a tenra infância. As histórias que se seguem são minhas, só minhas, mas acredito hoje em dia que são emoções e sentimentos partilhados por muitos, muitos que como eu padecem deste transtorno e que se sentem sozinhos.

Muitos que pensam ser "diferentes" e na verdade são! Muitos que tal como eu, sempre se sentiram incompreendidos, "ovelhas negras", "malucos", "disfuncionais". Não somos maus, apenas somos "diferentes", para o bem e para o mal!

Talvez eu não possa mudar o mundo,

Talvez eu não tenha uma varinha de condão.

Talvez eu não possa mudar o mundo,

Mas possa colorir a vida com um brilho nos olhos e sorriso nos lábios.

Talvez eu não possa mudar o mundo,

Mas possa iluminar os que me rodeiam,

Que um dia cruzaram o meu caminho

Que fazem o meu coração sorrir.

Talvez eu não possa mudar o mundo,

Mas tenha como varinha a magia do amor que vive no meu coração.

CAPÍTULO 2

O BEIJO DA MARIANA

Comecei muito cedo a ter sentimentos e emoções intensas, descontroladas e exageradas. Achava que era diferente, especial, um ser completamente distinto de todos aqueles que eu conhecia à minha volta. Não conhecia ninguém a ser tão emocional, intensa, verdadeira, sincera, apaixonada, como eu.... Não sou eu que o digo, são todas as pessoas que de alguma forma cruzaram a minha vida e eu a deles... Não existe nada de mal em ser diferente, o problema está no que fazemos na vida com essa diferença...

"Não há beijos como os da Mariana. Beijos ternos, meigos, apertados, beijos de olhos vendados. Beijos quentes de tanto carinho, mas não há beijos como os da Mariana."
Manuel Pinho Rocha - Histórias e Contos por

Contar

"Felizmente tenho muitas alegrias com muitos dos meus doentes, mas a Mariana bate-os a todos e, quando aparece, desanuvia tudo, e aí eu digo: Chegou o meu Sol, mesmo que seja ao final do dia..."

Conheci o doutor Manuel Pinho Rocha tinha um ano e meio. Trocava os olhos, sim, os olhos que hoje em dia tanto brilham e espelham a minha alma, talvez porque o meu Doutor (como tão carinhosamente gosto de o tratar) fez um excelente trabalho quando os operou ou, talvez, porque o tinha de conhecer e ele a mim. Escreveu um livro intitulado 'Histórias e Contos por Contar'. Segundo ele, calarmo-nos era fechar uma porta à história de cada um de nós. Talvez, porque ao ler as suas histórias, me tenha sentido inspirada a escrever as minhas também...

Não sou médica, não conheci assim tantas pessoas na minha vida, mas uma coisa é certa, tenho muitos contos para contar, muitas histórias e muitas emoções e sentimentos para descrever.

Não há um caminho fácil, não há batalhas sem que haja perdas, mas há guerreiros que se levantam todas as vezes que caem. Esses, são os especiais. Afinal de contas, "amanhã é outro dia!"

Eu era especial, podia ser qualquer pessoa e sempre o fui de forma intensa e natural. Essas são as estrelas que pelo caminho, mesmo com a dor e o sofrimento, sorriem e brilham. E o seu sorriso ilumina todos os outros, todos aqueles que acham que não têm forças para continuar, para se levantarem. O teu sorriso, a tua luz, o teu caminho, esses serão a inspiração para outros que ainda não sabem ou não perceberam que são especiais.

Eu era meiga, carinhosa e muito intensa na fala quando ia às suas consultas. Tinha dois anos nessa altura quando fui operada ao estrabismo, numa impensável idade já que a norma era a partir dos quatro anos. Segundo o doutor, foi um choque nervoso que tinha originado que os meus dois olhos fossem completamente para o canto. Não poderia esperar muito pela operação ou mais tarde seria irreversível e cada vez mais difícil que eu ficasse a ver bem.

Depois da operação, fui ver o doutorzinho. Com dois anos de idade, praticamente obriguei a ir a minha mãe da ponta de Gaia para o centro do Porto. Não parava de chorar, e isso não era uma boa coisa depois de uma operação aos dois olhos. Quando lá cheguei, ele ficou assustado ao pensar que algo tinha corrido mal e por isso estávamos ali. Não, não era nada disso! Eu só queria dar um "beijo" ao Doutor! Entrelacei os meus braços no seu pescoço, dei-lhe um carinhoso e apertado beijinho num obrigada que não precisava falar.

Este foi o meu primeiro exemplo de uma emoção exagerada, de um sentimento de carinho, de amor forte, de que me lembro. De um amor pelo doutor, de um carinho por um estranho de um agradecimento que me saltava do peito. A minha primeira vontade de retribuir, de dar amor, de agradecer, no entanto, exagerada aos olhos de muitos, até mesmo estranha...

Muitos dos que cruzaram o meu caminho só me deixaram sofrimento, perda, dor... Mas outros, muitos outros, com a sua essência, fizeram-me acreditar. Acreditar que todos juntos, estamos sempre a aprender, seja com a dor, seja com a felicidade, seja com um simples beijo, seja com o amor, seja com o cruzarmos caminhos.

CAPÍTULO 3

A OVELHA NEGRA

Acreditava que iria brilhar muito na vida, teria o melhor futuro, o melhor marido, o melhor emprego, a melhor vida, os melhores amigos, enfim... Tudo aquilo com que uma menina sempre sonha...

Tenho uma família grande, coesa, sem violência, sem agressividade, sem nada que lhe pudéssemos apontar. No entanto, sempre me senti só! Desde sempre quis partilhar a vida, os momentos, os sentimentos com outra pessoa para além de mim, dos meus amigos, da minha família. Nunca consegui ficar comigo mesma, com o meu espaço, com o meu tempo, sempre necessitei de estar rodeada de pessoas à minha volta, de animais.

Sempre achei que os momentos só eram felizes quando eram partilhados. Talvez porque, desde cedo, aprendi que a vida era curta, tão curta que deveria ser aproveitada a cada momento. Aprendi que a vida era um sopro, tão depressa estamos aqui como de repente, de um segundo para o outro, deixamos de estar.

Lembro-me de ter quatro anos e rezar todas as noites. Todas as noites evocava o menino Jesus e pedia-lhe, pedia-lhe para morrer junto com os meus pais, todos juntos num acidente, fosse de que forma fosse, mas todos juntos. Tinha uma enorme ansiedade de separação, do abandono, não suportava imaginar a dor de ficar sozinha neste mundo, não suportava a ideia de perder aqueles que eu amava, não suportava a ideia da dor, do vazio que isso ia trazer à minha vida.

Era uma menina carente, sozinha, filha única, não tinha com quem falar, com quem desabafar! Era uma menina solitária ao mesmo tempo rebelde, "do contra", nunca fazia o que me diziam, tinha ideias próprias, era uma criança "diferente", sempre em busca do autoconhecimento na ingenuidade dos meus cinco anos.

A minha mãe e eu nunca tivemos a melhor relação, ela sempre me viu como uma criança "difícil", talvez por ser hiperativa e tanto lhe ter dado que fazer, pois valia por dois ou três... Ela não entendia o porquê das minhas atitudes, considerava-me rebelde, maldosa, abusada, mal-educada e mal-agradecida por todos os esforços que os meus pais faziam para me proporcionar o melhor.

Acabou por se distanciar de mim e eu dela. Perdeu a confiança que depositava em mim, simplesmente porque não conseguia entender ou justificar de maneira plausível, os meus comportamentos. Afinal de contas eu era a "ovelha negra" da família entre nove primos, quase todos da mesma idade com a diferença de um ano, mais coisa menos coisa, entre nós.

Sempre que havia uma festa, a Mariana ficava a chorar, a Mariana ficava de castigo, a Mariana era a que se portava mal, a Mariana era "diferente". Quando algo acontecia, a culpa era sempre minha, nunca de nenhum dos meus primos apesar de serem eles a fazer as asneiras.

Nunca os culpei, eram crianças, divertiam-se a fazer brincadeiras e riam-se quando a minha mãe chegava e me culpava logo a mim automaticamente. Rapidamente a Mariana ia para um canto e chorava, chorava como se não houvesse amanhã, como se ninguém acreditasse nela, a sua mãe, a sua família, na sua bondade, na sua verdade, como se todo o mundo fosse contra ela...

Talvez por isso, eu tenho desenvolvido um grande sentido de justiça e de verdade, talvez por isso não suporte pessoas mentirosas e injustas, talvez por isso ainda hoje acredito que esse é um dos meus gatilhos, a mentira!

Eu pensava, porque é que ninguém me conhece? Porque é que ninguém vê o quanto sou verdadeira e sincera? Porque é que ninguém entende o quanto eu estou a sofrer?

Felizmente existia alguém que via, existia alguém que me compreendia, que parava a falar comigo, a acalmar-me, a tentar entender o porquê de tanta hiper-reatividade. Lembro-me várias vezes de uma frase que sempre me dizia: "Lembra-te filha, o mundo lá fora é uma selva." O meu pai via o quanto as minhas emoções eram fortes, intensas, demasiadamente fortes para a sociedade atual.

O meu pai, de quem herdei parte do feitio (felizmente), era uma pessoa otimista, conseguia perceber quando eu não estava bem, conseguia falar comigo sem me julgar, conseguia conversar ao mesmo tempo que me dava conselhos. Tornou-se no meu melhor amigo, alguém que me ouvia, me compreendia, ao contrário da minha mãe, que eu via quase como uma inimiga por toda a humilhação que me fazia passar em frente aos meus primos.

O meu pai teve uma vida complicada. O meu pai não teve mãe, a minha avó faleceu no parto dele e do seu irmão gémeo. O meu pai, teoricamente também não teve pai, basicamente o meu avô abandonou os dois filhos bebés que foram separados logo à nascença, e, cada um deles foi criado por uma tia diferente. Seis anos mais tarde, o meu avô voltou a casar. Seria de esperar que pegasse nos filhos e os levasse para junto de si, mas não, colocou-os num colégio de órfãos, os Salesianos. Talvez por isso, o meu pai sempre tenha tentado ser o melhor pai possível com a filha, sempre tenha tentado ser diferente do seu pai.

E o meu pai sempre foi, e é até hoje, o meu melhor amigo. Com ele pude e posso desabafar tudo o que acontece na minha vida. Sempre pude falar com ele de tudo, dos meus amigos, dos meus namorados, de tudo o que de bom e de mau se passava comigo. O meu pai nunca quis ser como o seu pai, sempre quis ser diferente, sempre quis dar-me todo o amor, todo o carinho, as melhores coisas na vida.

O meu pai começou a trabalhar na alfândega do Porto quando tinha quinze anos. Conseguiu ter uma sociedade com outro despachante oficial e um escritório na Rua de Santa Catarina, na baixa do Porto. Eu nasci no Porto e apesar de sempre morar em Gaia, fui meio criada na cidade tripeira, a minha cidade com muito orgulho! Era uma menina conhecida em muitas das casas e comércios das principais ruas do Porto como Santa Catarina, Passos Manuel ou 31 de janeiro. Era a criança "diferente" que fazia com que muitos dos lojistas e comerciantes criassem ligações comigo, com a minha luzinha, com a minha forma diferente e verdadeira de ser, apesar da minha tenra idade que aparentava uma maturidade diferente.

Apesar de ser considerada a "ovelha negra" da família, a minha infância foi feliz! Tinha tudo, não me faltava nada, tinha muito amor, muito carinho, quanto mais não fosse das pessoas de fora, aquelas que comigo conviviam, fosse de forma ocasional tais como as consultas no oftalmologista, ou de forma social na mercearia dos meus avós ou até mesmo durante o tempo de escola com a minha "professorinha"!

As pessoas com o transtorno de personalidade borderline não costumam apresentar dificuldades intelectuais, pelo contrário. Eu era bastante inteligente e aplicada, mas o mesmo não se passava com os comportamentos e sentimentos que tinha. Tive a sorte de me aparecer um anjo, um suposto "anjo" que, por sorte, era e foi, a minha primeira e única professora do ensino básico.

Um anjo daqueles sem asas que andam entre nós, a professora Maria Alzira. A "professorinha", como eu a chamava e ainda hoje chamo tão carinhosamente, rapidamente percebeu que eu era "diferente". Rapidamente percebeu que eu era inteligente, perspicaz e autodidata, por vezes à frente do meu tempo. Mas, o meu comportamento nem sempre era o melhor, pois falava muito, interrompia e estava sempre a ser eu a "professora" à frente dos outros. A minha impulsividade sempre levou a melhor, ainda hoje leva, ainda hoje tenho dificuldades em ouvir e não falar. Exigo a atenção, mesmo quando ela é desnecessária e interrompe ou perturba os outros. Há que trabalhar nisso, não é fácil, mas agora que entendo, tento "ouvir" mais as outras pessoas.

Não tinha muitos amigos ou amigas, era muito gozada, sofria muito bullying, era chamada de "caixa de óculos". Naquela altura ninguém usava óculos e eu já os usava desde os meus dois anos após ter sido operada. Baixava a minha autoestima, provocava-me revolta, raiva e dor, no entanto eu continuava a ser boa aluna, a ter boas notas e a trabalhar mesmo sem que me pedissem.

Sempre tentei ser boa, sempre tentei que tivessem orgulho em mim, mas era muito incompreendida. Só o facto de ser boa aluna, já era motivo para sofrer o gozo e o bullying dos colegas. Principalmente de um, o Joaquim... O Quinzinho, assim chamado pelo diminutivo em sentido realista por ser muito mais baixo do que qualquer um da nossa turma, adorava bater em toda a gente, adorava dar pontapés e meter medo a todos, apesar da sua baixa estatura.

Talvez essa fosse a sua defesa para amenizar algo que lhe provocava baixa autoestima, a sua altura.

Eu própria tinha medo, passava a vida a levar caneladas, a deixar-me ficar e a não fazer queixas a ninguém com medo das suas represálias. Até que um dia, a minha panela de pressão, como sempre lhe chamei, a minha raiva pronta a explodir a qualquer momento, saltou-lhe a tampa e de repente, após outro pontapé do Quinzinho nas minhas canelas, eu com toda a minha ira, com toda a minha força e com toda a minha impulsividade, literalmente pequei no Quinzinho no ar e atirei-o contra o quadro da sala de aula. Ele "voou" uns 2 metros, por sorte não se aleijou muito, mas foi o suficiente para a minha mãe ser chamada à escola e a professora Alzira reportar o meu comportamento.

Bem ou mal, achei que era "justo" pois as agressões já duravam há bastante tempo, mas eu é que acabei por ser castigada. Pensando melhor, arrependi-me da minha atitude, nunca quis ser uma pessoa violenta, aliás, desprezo a violência. Mas, era mais forte do que eu, eu não conseguia controlar a minha "panela de pressão" pronta a explodir, a saltar-lhe a tampa.

Hoje analiso como tendo sido um comportamento limítrofe, borderline, uma impulsividade que poderia ter magoado a sério alguém, completamente irracional, irrefletido. O pior foi mesmo o sentimento de culpa que ficou por ter aleijado um colega, por ter sido violenta, por ter desiludido os meus pais, e a professora Alzira.

Dava vontade de me magoar, pois eu não era merecedora do amor dos outros... lembro-me que comecei por me magoar (ou não), a roer as almofadas quando ia dormir, a trincá-las e a abafar a dor e o choro por nunca ser sequer uma menina boa o suficiente para os outros à minha volta. Mas a escola primária estava a acabar, brevemente iria para o início de um novo ciclo que esperava eu, seria diferente e bem melhor.

CAPÍTULO 4

O COLÉGIO

Nessa altura os meus pais tomaram a decisão de me colocar num colégio interno, num colégio religioso, numa escola que não dava azo a muitos abusos. Lembro-me de acharem que era para o meu bem, era uma mais-valia para a minha vida, a minha educação futura, mas, mal eles imaginavam que colocar-me nessa "bolha" foi talvez a pior decisão que eles tomaram, ou não...

Para entrar no colégio era necessário ser selecionado, era preciso ir a uma entrevista e ser-se escolhido para fazer parte e entrar numa escola daquele tempo considerada de "elite". Na altura foi a minha segunda 'mamã' a ir comigo à entrevista, a minha querida professorinha Zi Ribeiro. O Pedro, seu filho, já andava no colégio dos Carvalhos no 5º ano, e por isso ela percebia a dinâmica e conhecia o diretor, o antigo Padre Freitas, um grande homem, inteligente, culto, muito à frente do seu tempo, infelizmente já falecido não há muito tempo.

O meu anjo sempre me acompanhou, acompanhou-me durante quatro anos na escola primária e continuava ali a acompanhar-me numa fase tão importante como era a transição para o quinto ano, mas numa escola diferente daquela para onde todos os meus amigos de infância tinham ido. Talvez por ter ficado no seu enorme coração, a ter tocado e feito a diferença na sua vida, ela começou por me tratar por 'minha filhota'.

Eu simplesmente adorava, fazia-me sentir tão bem, tinha outra mamã, uma segunda "mamã", muito, mas muito importante para mim ainda hoje. Às vezes, quando a visito, não precisamos de falar muito, o nosso abraço diz tudo e transmite tudo o que temos a dizer uma à outra, muito amor, muito carinho, muita amizade...

No colégio dos Carvalhos a educação era boa, os professores eram excelentes, diferentes, não apenas docentes, mas pessoas preocupadas com os alunos. Mas era uma redoma, uma 'bolha'. A escola privada não tinha o mesmo tipo de alunos que a pública, ali não víamos coisas da vida a acontecerem como no ensino público, em que tínhamos as coisas boas e as más, os problemas da infância, da adolescência como é normal em todo o lado.

Todos os dias em que ia para as aulas, todos os dias sofria bullying. Primeiro porque usava óculos, depois porque não usava roupas de marca, não era filha de ninguém rico, conhecido, não era de todo uma criança materialista, fútil como muitos que lá conheci.

Mais uma vez, noutra escola, com outra idade, mas o com o mesmo problema, se calhar bastante mais agravado pois não tinha ninguém que me conhecesse, que fosse meu vizinho, que soubesse qual era a minha história, a minha naturalidade, a minha essência.

Todos os dias vomitava o pequeno-almoço com a ansiedade de ir para aquele lugar, cheguei ao ponto de comer sopa passada pela manhã pois era a única coisa que conseguia aguentar no estômago. O autocarro do colégio vinha buscar-nos ao local onde praticamente morávamos, uma camioneta cheia de miúdos gozões, uma viagem cheia de "bocas", insultos, de "bullying".

Durante a manhã, durante as aulas tinha alguma paz, ninguém gozava comigo, ninguém me insultava durante a aula, aprendia e fazia o meu trabalho que me competia bem. No intervalo estava sozinha, quase sempre sozinha isolada num canto onde ninguém desse por mim, tentava passar despercebida ao máximo. Mas depois chegava a hora do almoço numa cantina cheia de alunos, cheia de miúdos prontos a gozar com os mais fracos ou "diferentes", lá começava o meu tormento. Não tinha onde me sentar, nem junto com ninguém, não tinha sequer vontade de comer nada, não me apetecia almoçar, só queria que a hora do almoço passasse rápido. Não tinha como fugir, tudo no colégio era controlado automaticamente, os meus saberiam se tinha ido à cantina ou não...

Valeu-me uma professora, a professora de inglês que percebeu que algo se passava comigo e começou a sentar-se ao meu lado durante o almoço para me incentivar a comer. Bom ou mau? Bom para a minha solidão, mau para a minha reputação, pois então, ainda fui mais gozada por ser uma menina da professora, uma graxista...

Entretanto fiz uma amiga, da minha turma, também diferente, isolada como eu, a Marisa. A Marisa era uma menina da minha idade, mas muito mais sofrida do que eu. Pensava eu que a minha vida era péssima, mas a dela conseguia ser bem, mas bem pior... Quando ela tinha 9 anos, atravessava a rua na passadeira com a sua sobrinha de 3 anos e sofreram um atropelamento. A menina, a sua sobrinha, morreu. A Marisa carregava essa dor, uma dor muito grande de "ser" responsável pela morte da filha da irmã. Ficamos amigas até hoje, começamos a estar juntas e a conviver juntas, a partir dali a minha vida começou a melhorar pois tinha feito a minha primeira amiga no colégio, já não estava sozinha.

Tinha dez anos, achava que aquele tinha sido o pior ano da minha vida, achava... achava que naquele ano ter mudado de escola, ter mudado de casa, de Valadares para Arcozelo, pois o meu pai tinha acabado de comprar um apartamento novo, ter perdido todos os meus amigos, vizinhos, primos, família, tinha sido o pior ano da minha vida. Mal imaginava tudo o que se seguiria, mal imaginava tudo o que ia acontecer depois...

CAPÍTULO 5

A AVÓZINHA

O meu avô foi regedor de Valadares, em Vila Nova de Gaia, local onde fui criada, onde vivi, onde fui batizada, onde andei na escola básica e onde convivi com os meus vizinhos e amigos de infância. Todos me conheciam, todos nos conheciam, todos sabiam quais eram os valores da minha família. Todos admiravam a minha avó, era uma mulher que não conseguia ver, nem saber que alguém ou alguma família passava fome, mesmo que isso implicasse prejuízo para o negócio, uma mercearia tradicional local.

Os meus pais trabalhavam longe e, por isso, todos os dias por volta das seis da manhã me deixavam nos meus avós que ficavam a tomar conta de mim, juntamente com a minha tia Alice que ainda era solteira, e por isso a única filha que morava com eles. A tia Alice era uma amiga, uma tia que me fazia penteados, as minhas comidas favoritas, ia comigo à escola quando era necessário. A tia Alice também era como uma "mamã" para mim. Era uma amiga, alguém que percebia o quanto eu sofria por dentro e tentava muitas vezes com estes pequenos gestos atenuar o sofrimento que via em mim.

A minha avó cozinhava tudo num fogão de lenha, ainda me lembro do cheiro das torradas feitas com tanto carinho no fogão de lenha. E do aroma do café, sim, o aroma do café que desde que me conheço aprendi a adorar! Aos Domingos toda a família se juntava na casa dos avós que também era a mercearia, os tios, os primos, toda a família junta, éramos à volta de uns trinta no total. Talvez por isso ninguém desse conta de quando os meus primos me faziam as judiarias que faziam. A avó cozinhava os assados, por vezes mais do que um prato para fazer as vontades a toda a gente. A avó era assim, sempre a pensar mais nos outros do que nela, a avó Firinha, como era conhecida, era assim.

Mas a avó ficou doente. A avó ficou doente dos pulmões, a avó tinha cancro! Esta era uma palavra que não era utilizada naquele tempo, nos anos 80! A avó tinha um mal nos pulmões. E a minha mãe, o meu avô e todos na família andavam com ela quase todos os dias para o hospital. Acabaram-se as reuniões de família, acabou-se o convívio, acabaram-se as risadas e começou o sofrimento calado e escondido dos mais velhos que não nos diziam a gravidade da situação da avó.

Lembro-me de me agachar no canto junto à casa de banho, lembro-me de ficar a falar e a pensar que ela ia ficar boa e que aquilo não passava de uma doença que só estava a demorar a passar... Ainda hoje faço isso. Ainda hoje, quando estou triste, quando tenho algum problema, vou para o canto da casa de banho e lá fico agachada e choro. Choro tudo o que tenho para chorar! Porque nunca consegui controlar, nunca consegui controlar o choro, o riso, as emoções à flor da pele.

A avó durou mais um ano entre idas e vindas do hospital. Até que lá ficou internada. Lembro-me de ir visitar a avó e pensar, *a avó está melhor, em breve ela vem para casa*. Mas não foi verdade. No dia a seguir estava no colégio quando o Padre me chamou ao gabinete para me dar a notícia de que a minha avó tinha falecido...

Fui ver a avó no caixão, fui ao funeral da avó... antes não o tivesse feito. A avó ali, fria, morta, sem o calor que sempre lhe senti, sem nunca mais ir ter o seu carinho.

Foi a minha primeira perda, foi a primeira morte que senti, que vivi. Foi a dor mais dolorosa, mais lancinante que senti até aquele momento.

CAPÍTULO 6

O AVÔZINHO

Depois da avó falecer, muitas coisas mudaram, o avô veio viver para nossa casa, O avô Zé tinha muitos problemas cardíacos, não podia ficar sozinho. Na altura tínhamos um apartamento T3, o avô tinha um quarto só para ele e era lá que eu ia muitas vezes desabafar sobre o meu dia, sobre aquilo que eu achava serem os meus problemas. Foi uma altura muito difícil para mim.

Tinha acabado de perder a minha avozinha, mas à noite, tinha o avozinho, um homem culto, educado e o meu melhor amigo.

O avô esperava por mim todos os dias no café por baixo da minha casa para me dar o lanche. Lembro-me, como se fosse hoje, de lhe dizer: *avô, porque gastas dinheiro todos os dias aqui no café se eu podia lanchar em casa?* E ele respondia sempre: *aproveita, meu anjo, que um dia não estou cá para te pagar o lanche.*

A minha mãe e o meu pai chegavam tarde a casa, por volta das nove da noite, por isso, com a supervisão do avô, aprendi desde cedo a cozinhar.

O meu avô era o meu maior fã, fazia sempre elogios aos meus cozinhados. Talvez por isso eu acredite sempre que devemos elogiar no momento e não deixar para amanhã quando pode ser tarde de mais.

E, realmente, nessa noite em que, como era hábito, eu ia ao quarto do avô desabafar, nunca lhe cheguei a dizer o quão importante ele era para mim e o quanto eu o amava. Não o fiz! Fui dormir a pensar no dia seguinte onde acordava e a rotina ia ser a mesma de sempre, ir para o colégio, vir do colégio com o avô à minha espera para tomar o lanche. Nesse dia acordei, vesti-me como de costume para apanhar o autocarro do colégio, mas o meu avô sentiu-se mal. Pensei para mim: *o avô coloca a sua pastilha do coração debaixo da língua e daqui a pouco já está bem...* Mas não foi isso que aconteceu... O avô caiu ali de repente, à minha frente, para nunca mais acordar...

Não acreditava. Não era verdade! Tinha estado a falar com o avô na noite anterior e ele estava bem, não podia ser, ele não estava doente. Não era verdade que o meu avô nunca mais ia estar ali para mim, não era verdade que nunca mais podia falar, não era verdade que tinha perdido o meu melhor amigo!

Não queria e não podia fazer outro luto assim seguido! Pensei, o avô estava a planear ir fazer uma viagem a França para visitar a irmã, o avô foi viajar! Entrei em negação, entrei num estado em que só queria adormecer e não pensar em nada do que tinha acontecido.

Tinha doze anos, era uma pré-adolescente, senti duas perdas muito difíceis, quase seguidas num espaço de seis meses. Os avós que me criaram, os avós que tornaram a minha infância tão boa, tão carinhosa, tão cheia de valores, tal como o meu querido avô Zé nos transmitia.

Ser triste

É não sentir felicidade

Com aquilo que se tem

É perder noites de sono

Por alguém,

É sentir inveja

da alegria dos outros,

É ter muita gente

E não ter ninguém.

Ser triste,

É estar sozinha

Neste mundo de desilusões,

É andar perdida

No meio de multidões.

Ser triste,

É ter vontade de chorar.

É ser sensível

num mundo de insensíveis,

Castigarmo-nos a nós próprios

por erros que não cometemos,

Ser triste,

É não acreditar no dia de amanhã.

Acordar e não ter esperança

É o que nos resta de uma lembrança...

CAPÍTULO 7

A QUEDA

Como era boa aluna, como era inteligente, nunca precisei de estudar para os testes, por isso as minhas notas não foram muito afetadas... Mas a minha pessoa foi, os meus pilares já cá não estavam, tudo dentro de mim doía!!! Era insuportável pensar que já não tinha os meus avós, não tinha qualquer um dos avós para me darem o carinho de avós. Tenho pena de não ter chegado a festejar um "Dia dos Avós" com eles, na altura não era um costume. Se fosse, podem crer que teria feito uma enorme surpresa, e teria dado todo o meu amor àquelas pessoas que eu idolatrava e que nunca imaginava perder de repente e tão rápido.

A forma que encontrei para anestesiar a minha dor começou cedo, começou comigo a descambar e a tomar os calmantes que tirava à minha mãe sem ela se aperceber. Começou comigo a beber whisky das minigarrafas que o meu pai tinha no bar. Só queria dormir, só queria não sentir nada. Adormecia rapidamente, mas não acordava facilmente. Estava a ser difícil levantar-me, vestir-me e ir para o colégio como habitualmente.

De manhã, tal como de costume, ia no autocarro do colégio para a escola. A camioneta parava no parque e depois íamos a pé até à entrada do edifício. No local de estacionamento, em frente havia um tasco, um daqueles locais frequentados pelos muito mais velhos, alcoólicos. Não demorei muito a ir lá todos os dias começar a beber um shot de cachaça por dia, logo pela manhã ao pequeno-almoço. Era o suficiente para passar uma manhã mais relaxada, sem pensar na dor. Mal eu sabia na altura qual seria a consequência destas minhas ações num futuro próximo!

Estava em queda, em espiral e a entrar na adolescência. Depressa me tornei numa adolescente "alcoólica", revoltada, ao mesmo tempo era uma menina boa, doce e ingénua que adorava escrever poemas, aquilo que sentia. Escrever era uma forma de me ajudar a colocar no papel as emoções que sentia, eu não entendia o sentido da vida, da dor, do abandono. Lembro-me de me começar a vestir de preto, não só porque era costume após a morte de alguém, mas porque a minha alma estava negra, não existia nada, só um vazio. Até que era conveniente vestir-me de preto, não existir, não ser vista ou notada.

Após a minha mudança aparentemente física, o psicólogo do colégio chamou-me para uma sessão, pois os professores alertaram-no para o meu estado. Queria que eu aceitasse que a morte dos meus avós tinha acontecido e queria ajudar-me a lidar da melhor maneira com o assunto. Lembro-me de lhe dizer que não queria falar do assunto, que o meu avô não tinha morrido, tinha ido fazer uma viagem a França para visitar a irmã. Não queria que ninguém falasse da morte dele, não queria que ninguém da família falasse dele à minha frente, não queria sequer recordar as coisas boas que tinha vivido com ele, principalmente com ele.

Depressa percebi que tinha muita dor dentro de mim, uma imensa dor, um oceano de dor que não queria sequer lidar ou falar pois ninguém entendia o exacerbo que eu sentia! Muitos poderão não entender, mas quando o interior doi de uma forma impossível de controlar, a dor exterior, aquela que conseguimos controlar e que era fácil de dominar através da automutilação, torna-se um consolo.

Tinha de encontrar uma forma de direcionar o sofrimento, geralmente fazemos isso àqueles que nos estão mais perto, aqueles que nos amam incondicionalmente. Rapidamente direcionei toda a minha raiva, a minha dor para a minha mãe, para a contrariar, para a magoar... tornei-me rebelde, fui muito difícil!

Hoje que sou mãe, entendo o quanto magoei a minha mãe, que no final apenas queria o melhor para mim, e o quanto me magoou a mim. Lembram-se que eu acreditava que iria brilhar muito na vida e teria o melhor futuro? O tempo passou e alguma coisa saiu errado, a Mariana tinha-se perdido, naquele momento era apenas uma adolescente perdida no álcool, tabaco, calmantes e outros anestésicos. Onde estava a menina que brilhava com a sua intensidade e a sua forma bonita de ser animada e intensa? A menina tinha-se perdido, mais uma vez...

Menina dos olhos brilhantes,

Para onde foi o teu olhar?

Menina do sorriso aberto,

Para quem sorris agora?

Menina que alegrava o meu dia,

Porque o meu é cinzento?

Menina das mil brincadeiras,

Porque só te consigo desenhar?

Menina do coração apaixonado,

Porque te perdi?

CAPÍTULO 8

O PRIMEIRO

Comecei a afastar-me da família, estava sempre fechada no meu quarto com a minha música, com os meus sentimentos, as minhas emoções. Rapidamente comecei a interessar-me por rapazes, queria alienar-me de tudo, sentir adrenalina, não sentir dor ou sofrimento. Aqueles que me atraíam eram os chamados 'bad boys', rapazes com vícios, rapazes controladores, rapazes que me davam a atenção de que eu tanto precisava.

Pela minha vida passaram alguns homens. O primeiro, aquele que eu considero ter sido um marco na minha vida, aquele que me mostrou todo um mundo novo da música, de emoções nunca antes sentidas, marcou o meu estilo musical até aos dias de hoje. A música sempre foi muito importante na minha vida. Com a música sempre consegui lidar com as emoções e abstrair-me noutro mundo, sentir um conjunto de sentimentos, emoções que tomavam conta de mim e me abstraíam. Mas não era uma música qualquer. Tinha de ser diferente, tinha de ter algo de diferente, tinha de ter adrenalina, tinha de ser escura, tinha de ser diferente, tal como eu!

Quando conheci o Rui tinha quinze anos. Ele era diferente, diferente de todos os rapazes com os quais eu convivia no colégio, no dia a dia. Ele era mais velho do que eu, tinha dezoito anos. Eu conseguia ver além e via nele um bom homem, uma boa alma que me transmitia sentimentos de segurança, carinho e conforto, uma pessoa especial no meu coração até hoje. O Rui mostrou-me o quanto a música rock, punk, indie, grunge e alternativa podiam ser especiais. Mostrou-me estilos de música que eu até ali desconhecia, mas que tão bem se enquadravam na minha rebeldia, na minha diferença, na minha escuridão.

O Rui olhava para mim de uma forma diferente, sabia que eu era especial, sabia que eu e ele juntos sentíamos coisas que outros não conseguiam perceber. O Rui era um homem bom, mas tal como eu, era uma pessoa com escapes. O seu escape era fumar marijuana, algo que no fundo não me incomodava, pois aceitava apesar de não saber bem o que era. Ao mesmo tempo, o meu escape passou a ser o tabaco, pois naquela altura quem fumava era considerado 'in', era 'moda', era 'fixe'! Grande erro! É tão errado fazermos algo para que os outros olhem para nós de uma forma diferente, para sermos aceites!

Engraçado que hoje que sou mãe, consigo perceber o porquê dos nossos pais colocarem um conjunto de regras, lições, seguimentos que nem sempre aceitamos ou percebemos, mas que são a pensar no nosso bem, no nosso futuro. A minha mãe sempre foi contra a relação, pois sabia a fama do Rui em relação ao que ele fazia.

Eu nunca, mas nunca, defini ou julguei alguém por aquilo que os outros diziam ou pensavam sobre essa pessoa. A única coisa que me fazia gostar ou deixar de gostar de alguém eram as suas atitudes! Mas a minha mãe não, ela dava valor ao que os outros diziam ou pensavam. Para ela, era muito mau ter a filha a namorar alguém que tinha a fama de "drogado".

Eu e o Rui namorávamos muitas vezes da varanda, o Zi, ou melhor dizendo o Isidro, nosso amigo conjunto, ficava a vigiar e a ver se vinha alguém enquanto eu tinha um deslumbre do Rui desde a varanda. Não conseguíamos falar, a minha mãe colocou um aloquete no telefone, não podíamos sequer falar.

Era difícil não estar com ele, queria muito estar com ele, com a paz que ele me dava. Tinha pena que a minha mãe ou outras pessoas não o vissem como eu o via ou sentia, ele era tão bondoso, tão carinhoso, eu fazia de tudo para ter um pouco daquele sentimento nem que fossem por poucos minutos.

Nessa altura começaram os meus comportamentos auto lesivos, provocava uma dor física para aliviar a dor psicológica que eu sentia como sendo "dolorosa" e "insuportável". Lembro-me de pegar numa lâmina de barbear do meu pai e "tentar" cortar o pulso. Sim, tentar, a realidade é que não o queria fazer verdadeiramente, mas sim chamar a atenção para a minha dor, queria que me vissem, que me ouvissem, queria que a minha mãe visse o quanto eu estava a sofrer por dentro.

Cheguei ao ponto de fugir de casa sem que a minha mãe percebesse, o problema era que ela tinha muitos problemas de sono, portanto não correu nada bem essa tentativa. Ela foi pelas ruas à minha procura e ela sabia onde procurar, um largo perto da nossa casa e também do Rui que praticamente era meu vizinho. Ela levou-me para casa à força e de tão irritada que eu estava, com tanta raiva, enquanto ela discutia, dei um murro com força no espelho do meu guarda-vestidos.

Na tentativa de extravasar a qualquer custo esta montanha de sentimentos negativos, os borderlines promovem uma explosão emocional de forma intempestiva e descontrolada, que a maioria de nós presencia com olhos incrédulos e estarrecidos. A impulsividade nesses momentos é incalculável, e por esta razão é capaz de adquirir uma força física inimaginável.

Dizem que quem parte um espelho, tem sete anos de azar. Talvez seja uma verdade, mas no meu caso eu acrescentaria mais alguns valentes anos pela frente. Mais uma vez consigo olhar para trás e perceber o quanto tive uma ação completamente irracional, irrefletida, mas que racionalmente não era visível para mim, apenas a dor que eu sentia.

Infelizmente, fruto da idade ou da imaturidade, o Rui naquela altura não pensava muito sobre o futuro, sobre o trabalho, sobre a seriedade de uma relação... pelo menos eu achava que sim. Rapidamente, por mim, e não por mais ninguém ou porque fui castigada ou obrigada, tão rápido estava apaixonada como me desinteressei por ele. Ainda assim, apesar de tantos obstáculos e altos e baixos, estivemos juntos durante dois anos. O carinho ficou, o carinho ficou e sempre ficará pelo Rui, o primeiro!

CAPÍTULO 9

O PRÍNCIPE ENCANTADO

Na altura, quando vivia em Arcozelo, Vila Nova de Gaia, todos os anos íamos à festa da Nossa Senhora da Adelaide, por altura da Páscoa. Através da minha relação com o Rui, tinha um grupo de amigos, praticamente só homens, pois desde sempre convivi melhor com os homens de que com as mulheres. Costumávamos ir jogar matrecos que duas semanas antes da festa acontecer já estavam lá instalados. Foi nessa altura que comecei a conviver com o Nuno. Conhecia o Nuno de vista, mas nunca tinha parado a falar com ele, até que se proporcionou um jogo de matrecos entre nós.

O Nuno era muito diferente. Com dezoito anos, trabalhava, não fumava, era muito responsável. Rapidamente me apaixonei por ele, rapidamente só queria estar com ele todos os dias para ter a estabilidade que ele me dava. Era o homem certo para mim, o meu "príncipe encantado". Fazíamos muitas coisas juntos, íamos ao cinema, à praia, à discoteca ao Domingo à tarde, tínhamos um grupo de casais com os quais convivíamos em jantares ou saídas noturnas, tínhamos uma boa relação sem problemas. Tinha facilidade em estar com o Nuno, a minha mãe adorava-o, a minha família também. Ele convivia connosco em todos os aniversários, festas ou fins de semana.

Nessa altura sentia-me bem, a vida corria-me bem. Estava contente, tinha uma boa casa, uma família, um bom namorado e bons amigos. Embora por dentro, nunca tenha ultrapassado a perda do meu grande amigo, o meu avô! Sabia que estava a fazer bem à sua memória, estava sempre a tentar unir a família, estava com um bom homem que me tratava bem, era feliz. Pensava que aquele era o homem com quem iria casar um dia, pensava que aquele era o homem dos meus sonhos, o homem que a família adorava, o homem que tinha tudo de bom e que me fazia feliz.

Estava iludida. Não era verdade. O Nuno não era feliz comigo como demonstrava, como mostrava. Eu era ciumenta, controladora, possessiva, tinha medo de perder o que de bom a vida me tinha trazido. Eu era irracional, comigo, com a família, com os outros, com o meu namorado. Talvez tudo tenha sido culpa minha, mas eu não via. Eu achava normal, apenas me via com mau feitio.

Hoje, entendo! Talvez porque na altura eu devesse estar a fazer terapia, mas não se falava nada sobre isso, ainda hoje mal se fala, no contexto específico do borderline. Hoje, ao fim de tanto tempo, percebo como reagi, entendo o porquê de ter reagido dessa forma, entendo o porquê de tantas pessoas se afastarem e eu delas. Quanto mais vais atrás, mais afastas as pessoas e elas se afastam. Quanto mais queres prender, mais as pessoas querem voar. Quanto mais queres atenção, mais as pessoas te ignoram.

Talvez porque nunca ninguém me disse que tinha uma doença neurológica, a doença que nos controla as emoções e tira a nossa razão. Talvez porque nenhum médico percebia ou sabia que existia um transtorno neurológico denominado "transtorno borderline" ou, melhor dizendo, estado limítrofe.

O Nuno ficou farto, mas nunca o disse, guardou-o para si. O Nuno começou a procurar outras pessoas sem eu saber. Eu senti! Como sempre aconteceu ou acontecia, eu senti e sentia! Descobri que estava com outra pessoa, descobri que me enganava! Não foi da melhor maneira que descobri. O Nuno, tal como o Rui era praticamente meu vizinho, quase conseguia ver a sua casa da minha. Lembro-me de ser obcecada por isso e estar constantemente à janela a ver quando ele chegava do trabalho, se o carro dele estava lá ou não a determinada hora.

Passados dois anos de estarmos juntos, descobri que me estava a trair pela boca de outras pessoas. Nesse dia quando soube, automaticamente me refugiei na bebida, ao mesmo tempo que tomava remédios com os quais a combinação não era boa. Fui a casa dele, toquei à campainha, quando lá cheguei ele estava com a suposta pessoa com quem ele me andava a trair.

Ele literalmente desprezou-me, desprezou a minha pessoa, o estado em que me encontrava. Uma vergonha, passei uma vergonha, fiz um escândalo, uma completa má figura de mim mesma, uma mulher descontrolada, ciumenta, possessiva à porta de casa dele e a fazer uma grande cena, digna de um filme de cinema ao qual todos os vizinhos podiam assistir.

Todo o meu mundo ruiu, todo o meu mundo caiu. Não foi fácil, mas tinha de aceitar que ele não ia estar mais comigo. Fiquei revoltada, mais uma vez na vida sentia-me revoltada, injustiçada, sentia que a vida estava sempre a tirar-me tudo, tudo o que era bom, tudo o que me fazia feliz, ou pelo menos que eu pensava que fazia.

CAPÍTULO 10

O NOIVO

Entrei em grave estado de depressão. Mais uma vez só queria estar deitada, adormecida, sem precisar sequer de me alimentar. Nessa altura foi quando tive o meu primeiro contacto com os antidepressivos. A depressão, a ansiedade, a falta de sono, de apetite, a vontade de não querer viver, levou a que os meus pais me levassem a um especialista que automaticamente me diagnosticou com depressão fruto do stress pós-traumático de ter perdido alguém que eu amava muito. Claro que isso já se vinha a arrastar há alguns anos, esta apenas foi a gota de água.

Lembro-me de ficar na cama durante uma semana inteira, até que falei com a minha "professorinha" e passadas duas horas ela estava em minha casa para me tirar do fundo do poço e me levar para um parque de campismo onde tinha um lugar junto com a sua família que se equiparava à minha. Tinha o Pedro (o seu filho), o Sérgio, a Susana, o Rui, o Luís, os primos que eram como meus primos durante aquelas duas semanas. Consegui esquecer o que sentia, estava com novas pessoas, conhecia novas pessoas, ao mesmo tempo que me sentia em família com aquelas famílias que me tratavam como tal.

Mas as férias no campismo não duraram para sempre, as minhas emoções, os meus sentimentos negativos voltaram ao chegar a casa. Voltei a ficar errante. Voltei a refugiar-me no álcool! Saía, mas o pior é que já tinha carta de condução, já tinha uma arma nas mãos. Sorte a minha que naquele tempo não havia tanto controlo policial, pois eu bebia e conduzia ao mesmo tempo.

Verdade, era um perigo para mim e para os outros. Andava longe, andava anestesiada outra vez, andava em espiral decrescente a curtir com este ou com aquele que conhecia nos bares. Outra vez os "bad boys", outra vez o ciclo a repetir-se...

Sabem o que se diz? Tu atrais tudo aquilo que tu és, que tu mostras ser. Não que eu por dentro fosse assim, mas era o que eu mostrava que era. Alguém que brilhava por fora, alguém com um magnetismo especial, mas que por dentro estava negra, estava de luto, estava revoltada.

Vivia uma avalanche mental de emoções intensas, reais ou imaginárias, uma busca constante e insaciável de afeto. O vazio afetivo é tão grande que vivia num estado permanente de carência, mesmo que fosse profundamente amada e cuidada pelos meus pais e por algumas amigas que já conseguia ter naquela altura. Essa carência inesgotável colocava-me em tal nível de angústia, que as minhas atitudes autodestrutivas eram praticadas como sendo o meu melhor remédio amargo e doloroso, mas com efeito de alívio imediato.

Até que de repente, num bar do Porto, alguém se começa a meter comigo, a dizer que tinha sido marinheiro, tal como o meu pai antes tinha sido. Alguém com muita lábia, mas que eu, ingénua como era, acreditava dizer a verdade. O Miguel era bonito, era um homem alto, de olhos azuis, e ali estava ele a falar comigo. No início pouco me interessou pois a minha cabeça passado um ano de farra ainda continuava vidrada no Nuno, naquele que eu achava ser o amor da minha vida, aquele com quem eu pensava casar um dia, aquele que me acabou por trair sem que eu tivesse dado conta.

Comecei a falar com o Miguel todos os dias, tal como nos tínhamos conhecido, também rapidamente iniciamos um relacionamento. Mas o meu coração ainda tinha outro dono, o que levou a que inconscientemente eu atacasse o Miguel sempre que eu podia, no fundo culpava-o porque ele não era igual ao Nuno. Passou mais de um ano de namoro e eu continuava no ataque brutal, frio e desprezante perante alguém que gostava de mim.

Mais uma vez, o ciclo repetia-se... Eu era ciumenta, controladora, possessiva, não porque não percebia que era, mas porque o queria ser de propósito com ele. Quanto mais o magoasse, quanto mais o pusesse abaixo, mais ele tinha de me mostrar o quanto ele gostava de mim e queria continuar ao meu lado. Ainda assim continuávamos juntos, a relação durava, ele fazia parte da minha família e eu da dele.

Tínhamos casais amigos em comum com os quais convivíamos regularmente. Fomos a três casamentos deles, acho que fez com que também tivéssemos vontade de casar, pelo menos eu, apesar de todos os nossos altos e baixos. Não faltou muito para que ao fim de quatro anos começássemos a falar disso e o Miguel me pedir em casamento.

Sinceramente, no início achava que era tudo o que eu queria, tudo o que eu não tinha tido com o Nuno, tinha agora com o Miguel. Estávamos noivos, a planear o casamento, mas no fundo do meu coração não estava verdadeiramente feliz. Mais uma vez a minha intuição resolveu interromper. A minha intuição dizia-me que ele não era verdadeiro comigo, mais uma vez o ciclo repetia-se.

Desta vez não fiquei parada, fui de carro vigiar o Miguel num desses dias em que era suposto ele vir ter comigo. Qual não é o meu espanto quando o vejo a ir ver a casa que tínhamos ido ver para que quando nos casássemos fossemos morar, com outra mulher no carro. Quando o confrontei com a verdade, ele negou, negava redondamente que estava com outra pessoa, negava tudo.

Foi a segunda vez na vida que bati em alguém, que usei da violência após o meu incidente na escola primária. Despertou o meu gatilho mais forte, aquele em que não me podem mentir, aquele que me tira do sério literalmente. Ele continuava a negar, mesmo depois de eu ter visto com os meus próprios olhos. Mas eu já tinha sido queimada antes, tinha os meus motivos e a minha intuição para o fazer, e eu sentia, sentia que ele me estava a mentir. Aprendi com o meu avô que a honra, a verdade e a palavra são o que de mais importantes temos na vida, não conseguia ver aquela pessoa a mentir-me na cara.

Fiquei irracional, fiquei completamente fora de mim. Valeu-me a minha mãe para me segurar, pois acho que de seguida partia para cima dele e o partia todo... mais uma vergonha, mais uma relação que durou quatro anos e que estava a terminar daquela forma. Pior ainda, um noivado que terminava assim, para mim, para os amigos, para a minha família. Culpa minha? Culpa dele? Muito provavelmente culpa minha primeiro e depois culpa dele. Mas tal como dizem, toda a ação leva a reação, e as minhas ações (atitudes e palavras) de forma alguma tinham sido as melhores nos primeiros anos de namoro. Criei um monstro quando o atacava sem qualquer motivo, fiz com que se desinteressasse por alguém que era excessiva, controladora, ciumenta. Procurou alguém que lhe desse paz, e essa não era eu.

Eu ainda era uma pessoa muito amargurada por dentro. Todos nós apresentamos momentos de explosões de raiva, tristeza, impulsividade, teimosia, instabilidade de humor, ciúmes intensos, apego afetivo, desespero, descontrole emocional, medo da rejeição, insatisfação pessoal. E, quase sempre, isso gera transtornos e prejuízos para nós mesmos e/ou para as pessoas ao nosso redor.

Nós, borderlines lidamos muito mal com qualquer dificuldade ou adversidade, especialmente se envolver abandono, crítica, rejeição, solidão... é verdade que a maior parte das vezes temos uma perceção errada desses sentimentos, costumamos entendê-los de forma mais exagerada que qualquer outra pessoa. O nosso nível de stress e de ansiedade são sempre bastante altos, conseguimos chegar muitas vezes a um estado de stress pós-traumático, insuportável e doloroso.

CAPÍTULO 11

O ANJO NEGRO

Novamente, mais uma vez, o ciclo continuava a repetir-se. Voltei a ficar errante. Voltei a refugiar-me no álcool e nos calmantes e antidepressivos que me entorpeciam, adormeciam e toldavam a minha razão. Desta vez achava que estava bem, estava bem sozinha, não queria relações ou homens, não queria mais dor, emoções ou sentimentos exagerados por alguém. Queria ficar sozinha por uns tempos, durante algum tempo. Mas, mais uma vez, o destino voltou a pregar-me uma partida e de repente, do nada, conheci aquele que se iria tornar no meu marido.

Nunca mais me esqueço e nunca me vou esquecer. Na altura eu ia muitas vezes ter a casa daquela que se tornou e ainda hoje é a minha melhor amiga, a Rute. A Rute sempre viveu e cresceu no mesmo sítio e por isso tinha ela estava sempre rodeada de muitos amigos e amigas, o que para mim era uma mais-valia.

A Rute está e sempre esteve presente para mim, a Rute é uma amiga que sabe ouvir, escutar, sabe estar ali para nós. Às vezes sinto uma certa inveja, não sei ouvir tão bem como ela, não consigo ficar a ouvir os outros sem me calar, não consigo escutar sem interromper. Ainda hoje isso me traz constrangimentos, principalmente a nível profissional. Quando estava com a Rute ou na casa dela, era como se estivesse em casa, sentia-me bem e sempre fui tratada como uma filha pela D. Zé, a sua mãe.

Nesse fim de semana como habitualmente fomos sair a um bar na zona dela. Estávamos num grupo de dez ou quinze pessoas formadas num círculo. Havia um rapaz no meio, em frente a mim que não parava de olhar para mim, olhava para mim de uma forma especial, olhava para mim como um anjo da guarda que me queria proteger, olhava para mim como se eu fosse todo o seu mundo. Pelo menos eu pensava isso...

Fomos sair, formos todos à discoteca, ele nunca saiu do meu lado, da minha frente. Fomos para a pista dançar, eu estava com frio. Ele percebeu e rapidamente me ofereceu o seu casaco para colocar pelas costas. Aquele gesto agradou-me, fez-me sentir bem, protegida, acarinhada. Demos um abraço... Um abraço tão forte que eu senti um conjunto de emoções que nunca tinha experimentado antes! Eram emoções bem fortes, ao mesmo tempo que eram emoções negativas.

Na altura – e durante muito tempo – achei que não passavam de fortes emoções, intensas. Mas a minha convicção dizia-me, *ele vai-te magoar muito, foge!* E eu fugi, pela pista fora! Ele correu atrás de mim, eu com o seu casaco pelos ombros... ele abraçou-me. Voltei a sentir tudo de novo, pensei para mim, *estou a sentir tudo isto porque o vou amar mais do que a minha vida, vou amá-lo tanto que vou sofrer com isso!*

O meu organismo nesse momento libertou um conjunto de substâncias psicoativas, que por sua vez levam o cérebro para uma grande reação de "luta ou fuga". E eu queria fugir, racionalmente queria, irracionalmente não. Era alguém que mostrava que me adorava mesmo sem me conhecer.

Ele beijou-me, eu pensei, esta ligação é forte, muito forte, algo que nunca experienciei antes. É com ele que eu quero estar, é com ele que eu quero ficar. A descarga de adrenalina que senti foi grande demais, parecia especial, "diferente de tudo", não podia, não conseguia fugir a isso por muito que quisesse ir embora, ou não.

Mal imaginava tudo o que a vida me ia trazer. Mal imaginava o quanto me ia custar caro ter negado a minha intuição. Mal imaginava que deveria de ter seguido o que sentia e ter percebido logo ali o quanto ia ser magoada... A minha intuição estava sempre certa, eu é que achava que a devia negar algumas vezes. Oxalá tivesse seguido a minha intuição ao menos dessa vez!

CAPÍTULO 12

O CASAMENTO

Nunca mais nos largamos a partir desse dia, nunca mais passamos um dia sem falarmos ao telefone, sem que estivéssemos juntos. Ele dava-me toda a atenção do mundo, eu era o seu mundo, ele dava-me tudo o que desejava, até demais. Eu não precisava de controlar, ele controlava-me, eu não precisava de ir atrás dele, ele vinha sempre atrás de mim, ele estava sempre junto a mim...

Ao fim de três meses, o Jorge pediu-me para casar com ele. Nesse dia disse-me: "vamos jantar fora, vem *vestida de uma forma especial*". Acho que suspeitei, acho que percebi o que se passava. Afinal de contas, eu queria o mesmo, queria segurança, queria alguém que ficasse comigo para sempre, queria ser feliz, protegida, e eu sentia isso com ele, ele protegia-me com os seus ombros largos, a sua pose, a sua confiança.

Fui ter com ele como costumava fazer todos os dias. Quando cheguei, ele trazia um saco de ginástica com ele ao ombro. Não entendi para que servia, mas também não quis entender. Ele disse-me, *vamos para Esmoriz, vamos jantar a um restaurante*. Quando lá chegarmos estava cheio, não havia mesa, ele não tinha reservado nada. Acabamos por ir parar a um tasco. Um tasco onde se comiam uns petiscos e pouco mais. Eu não me importava minimamente de ali estar com o meu vestido e o Jorge com a sua camisa e, pela primeira vez, de gravata.

Sabia que aquele momento era especial, tal como muitos que partilhávamos também eram tão especiais, tão intensos. O Jorge, de repente, no meio do tasco, o suposto "restaurante" onde íamos jantar, coloca-se de joelhos e tira uma caixa do bolso do casaco. Pediu-me em casamento naquele momento, nunca tive dúvidas, sabia que eu e ele estávamos destinados a estar juntos.

Fiquei feliz, jantámos e fomos para o carro. Eu costumava conduzir, o carro era meu e ele não tinha veículo. Ele por vezes conduzia, mas nunca me disse que não tinha carta de condução, nunca me passou pela cabeça que ele quisesse conduzir o meu carro sem que tivesse licença para o fazer. Era mais uma mentira, entre as muitas que viriam a seguir...

Parámos no sítio do costume. Uma rua sem trânsito perto de casa dele onde ficávamos a falar e onde nos abraçávamos ou beijávamos.

De repente, ele tira o saco de ginástico e lá dentro estavam dois copos e uma garrafa de champanhe e ele diz: *"Vamos brindar ao nosso futuro, vamos brindar ao nosso casamento, vamos brindar ao nosso amor."* Achei aquela atitude linda, já me tinha esquecido por completo o porquê de me ter pedido em casamento numa tasca qualquer e não ter planeado um restaurante ou uma reserva. Não importava, era um homem que me dava muitas emoções, muita adrenalina como eu sempre adorei.

Era forte o nosso sentimento, talvez por toda a emoção que continha, por toda a adrenalina, por todas as coisas que não me deixavam sentir o vazio... continuamos a estar juntos, a conhecermo-nos, a verdade é que eu não conhecia bem o meu noivo, a verdade é que eu só o conhecia há três meses e não sabia nada dele, nem do seu passado.

Começamos a planear o casamento. Decidimos que ia ser exatamente passado um ano do dia em que nos conhecemos, 20 de abril. Dia em que conheci o Jorge, dia em que o meu avô faleceu. Achei que era um sinal, um sinal de que o meu avô abençoava aquela relação!

E assim foi, casamos precisamente na data em que fazíamos um ano de namoro, 20 de abril de 2002, data que afinal não estava abençoada, mas sim amaldiçoada na família tal como vos irei contar mais à frente.

CAPÍTULO 13

LUA DE FEL

O casamento foi lindo, foi tudo aquilo que sempre imaginei, numa quinta ao ar livre com um enorme relvado. Ainda me passou pela cabeça o que diziam os antigos: "casamento molhado, casamento abençoado" ou então: "em abril, águas mil". Mas não foi nada disso naquele ano, em pleno abril, estava um dia de sol que dava para bronzear na praia. Cheguei de coche como uma princesa, era um conto de fadas, estava apaixonada e todos podiam ver o quanto estávamos apaixonados um pelo outro.

Lembro-me do fogo de artifício, da família fazer uma roda à nossa volta, de dançarmos juntos como se não houvesse ali ninguém. Lembro-me de olhar e ver toda a gente a chorar, emocionados com a nossa paixão, o nosso amor.

Recordo-me do sentimento que tive ao acordar no domingo após o casamento e sentir-me carente, triste, desprotegida, já não ia dormir mais na minha cama, na casa dos meus pais, agora era uma mulher casada. Rapidamente esse sentimento se transformou em excitação, pois nesse dia mais tarde íamos de lua de mel durante uma semana para Tenerife. Era a primeira vez que ia andar de avião, era a primeira vez que ia para uma ilha, para as Canárias.

Quando chegamos ao hotel fiquei superexcitada, super emocionada. Era um lindo resort com uma paisagem linda, exótica, cheia de verdura, palmeiras. Nesse primeiro dia saímos do hotel, alugamos uma vespa para andar pela ilha e parei na rua onde uma daquelas nativas me fez um penteado cheio de trancinhas. Nessa noite coloquei o meu vestido comprido e fomos jantar dentro do hotel que todas as noites tinha animação temática. Lembro-me de nessa noite o tema ser mexicano e de repente olhar e ter um conjunto de Mariachis a cantar para mim. Tudo corria lindamente até que já de madrugada e cansados fomos para o quarto dormir.

De repente durante a noite, o Jorge acorda bastante maldisposto e a vomitar. Pensei logo que era algo que tinha comido, ou uma virose ou outra qualquer má disposição. Não dormimos toda a noite, ele parecia estar a piorar e não a melhorar.

Logo pela manhã, fui sozinha pela ilha à procura de um médico. Ele deslocou-se ao hotel, entrou e o Jorge pediu-me para eu esperar cá fora no corredor do hotel enquanto o médico o observava. À saída, o médico deixou-me uma receita. Como falava em espanhol e talvez porque tivesse que respeitar a ética profissional, nada me disse ou eu não entendi para que é que os medicamentos serviam! Mais uma vez, fui pela ilha afora, desta vez em busca de uma farmácia para aviar a receita.

O Jorge estava mal, com febre, a vomitar, maldisposto. Até ali, ainda não tinha percebido bem o que se passava. Só quando adormeceu por um pouco e eu também é que, no pouco que consegui dormir, vi o Jorge a levantar-se no meio da noite e a delirar.

Enquanto delirava fazia o gesto de queimar uma coisa com um isqueiro numa mão e segurar outra com a outra mão. Automaticamente percebi que era o gesto de fumar droga, queimar a prata. Não sou burra nenhuma, vi muitos programas na tv onde os toxicodependentes o mostravam, como fumavam, como faziam.

Foi aí que percebi, foi aí que percebi que o Jorge era toxicodependente e que estava a passar por uma ressaca. Foi na lua de mel que percebi que as minhas suspeitas ou a minha "intuição" quando o conheci se confirmavam, para mal dos meus pecados...

A única coisa de que me lembro foi do primeiro dia e da primeira noite em Tenerife. Se me perguntarem o que fiz, o que fizemos ou o que aconteceu nos restantes seis dias, juro-vos que não me lembro. Tal como é costume dizer-se, o cérebro apaga da memória os acontecimentos chocantes ou stressantes e este choque foi uma enorme estalada que levei, a primeira de outras que viriam.

CAPÍTULO 14

AS MENTIRAS

O Jorge negou, negou redondamente, até jurou que não tinha qualquer problema com drogas. Mas, tal como eu disse anteriormente, eu sou diferente, eu sempre fui intuitiva. Durante o ano que tivemos de namoro, existiram algumas situações que estranhei, que não me pareciam normais numa pessoa.

Existiam sinais de alerta, existiam coisas estranhas tais como das vezes em que íamos a um centro comercial e eu esperava meia hora por ele quando ia à casa de banho.

Existiam vezes em que o Jorge ia a casa dos pais, me deixava, dizia que voltava no espaço de uma hora e eu esperava por ele quatro ou cinco. Ele mentia a dizer que fazia recados à mãe ou que tinha ajudado a fazer alguma coisa lá em casa.

Lembro-me de perguntar à minha ex-sogra se ela dava dinheiro ao Jorge já que ele não trabalhava desde que o conhecia e se ele tinha algum vício. Ela jurou que não, negou redondamente. Acreditei nela, por isso casei. Casei a pensar que o Jorge poderia ter algum problema de personalidade, que era a sua maneira de ser, mas nunca aceitei verdadeiramente que poderia ser de uma dependência. Não podia ser. Como é que eu não veria ou não perceberia uma coisa dessas durante o tempo que estive com ele?

Fácil. Eu era inocente, eu tinha estudado desde o meu quinto até ao décimo segundo ano numa escola privada onde nunca veríamos alguém com esse tipo de problema. Eu estive numa bolha, era ingénua, não víamos ou não falávamos destes assuntos num colégio de padres. Eu não percebia nada acerca deste vício, eu nunca tinha convivido com ele antes. Eu apenas tinha conhecido pessoas que fumavam marijuana e isso para mim não era verdadeiramente uma droga, era um cigarro com uma erva misturada.

Eu deveria ter prestado mais atenção à minha intuição, mas acima dela sempre esteve a palavra das pessoas. Mas. mais uma vez na minha vida alguém me mentia, alguém me desiludia.

O Jorge rapidamente se tornou possessivo e controlador. Eu até que gostava, achava que era um sinal de que ele gostava de mim a sério. Rapidamente, tive de deixar de falar com os meus amigos, pois o Jorge tinha ciúmes, muitos ciúmes, e eu não queria confusões, apenas queria paz. Quando somos novos, ou melhor, naquele tempo não entendíamos que isto era uma forma de violência, uma forma de violência psicológica.

Nunca, mas nunca devemos deixar que alguém nos diga com quem devemos ou não falar. Nunca, mas nunca devemos deixar que alguém nos diga que não podemos falar com os nossos amigos, aqueles que tão bem nos conhecem. Nunca, mas nunca podemos deixar que alguém nos tire a nossa essência! E eu perdi-a! Perdi a minha essência, perdi a Mariana. Fiquei perdida, perdida junto com alguém que também estava perdido.

Nós, os borderlines, somos tão intensos que a vida pode ser tudo, menos tranquila. Há um excesso em tudo o que dizemos e fazemos, no mais puro estilo

exagerado de sentir, pensar e agir.

CAPÍTULO 15

A ESPERA

Passaram três meses desde o nosso casamento, o Jorge continuava a deixar-me e a levar o meu carro sem carta de condução. Ficava quatro a cinco horas sozinha sem que ele atendesse o telefone e sem que soubesse nada acerca dele ou do que se passava.

Lembro-me de aprender a esperar. Aprendi a esperar, coisa que nunca tinha acontecido antes. Sempre fui impulsiva, apressada, pontual, queria tudo para ontem. Não admitia que alguém se pudesse atrasar, era logo um fim de mundo, mas devo ao meu ex-marido ter-me ensinado a esperar durante as horas em que ia consumir e eu ficava sozinha numa sala com apenas uma cadeira pois ainda não tínhamos a mobília da casa completa, à espera de que ele chegasse.

E continuei. Continuei a esperar... Durante anos fiquei à espera, aprendi a colocar a minha impulsividade de parte, pois aquele com quem eu estava era muito mais impulsivo do que eu. Esperei e acreditei que conseguiria ter aquilo com que sempre sonhei... um homem, um marido, um bom pai para os meus filhos, coisas que o Jorge nunca soube ser.

A dependência continuou durante anos! Durante anos continuou a afundar-me, a roubar-me, a bater-me. Nunca aceitei as saídas dele, os consumos, nunca permiti que o fizesse, era impensável para mim. Tinha de me manter fiel ao que acreditava e eu não podia permitir que ele continuasse assim. Mas eu é que pagava, se eu o contrariava, se eu o chateava, e podem crer que o fazia a sério, eu apanhava.

Apanhava na cara, ia ao chão, ficava de rastos... tinha vergonha, não podia contar a ninguém que eu, uma rapariga inteligente, formada, sem violência na família estivesse naquela posição. Os meus desabafos eram com a minha cunhada ou com a minha sogra que me diziam muitas vezes que ele não era mau, eu tinha de fazer um esforço para aguentar.

 A verdade é que no seu íntimo ele não era, talvez fosse a droga que o deixava assim, talvez fosse o seu perfil borderline que hoje consigo reconhecer. Afinal de contas, eu já tinha sido assim também, eu já tinha sido impulsiva, violenta, talvez por isso me sentisse confortável com alguém que também sentia a mesma posse, o mesmo controle, o mesmo ciúme em relação a outra pessoa.

E continuei. Continuei a esperar... continuei a esperar que o Jorge mudasse, esperava e continuava a esperar. Recordo-me de um dia, passados quatro anos de estar casada com ele, fazer uma das minhas visitas habituais à professora Alzira. Ela imediatamente percebeu naquele dia que eu não estava bem. Ela conhecia-me muito bem, sabia que eu não estava bem, não era mais a Mariana alegre, faladora, cheia de vida...

Foi a primeira pessoa que eu sabia que me amava, com quem eu desabafei. Engraçado, nunca tinha sido essa emoção antes. Quando estamos numa relação de violência doméstica, temos vergonha, não queremos dizer a ninguém, não queremos que ninguém perceba. Lembro-me de ter sentido que tirei um peso do corpo, lembro-me de me ter sentido tão apoiada e de ter sentido que já não estava sozinha nessa luta. É muito, mas muito importante falarmos a alguém, mesmo que não seja a nossa família. Devemos procurar alguém e falar, não é vergonha nenhuma dizer o que estamos a passar, pelo contrário, é um sinal de força. Foi uma viragem para mim, deu-me força, deixei de sentir tanto medo, já não estava sozinha na minha luta.

Soco.

Quero dar um soco

Porque me quero vingar.

Estou com um sorriso falso

Para não ter de chorar.

Sinto-me tão confusa

Que nem consigo escrever.

Por isso quero dar um soco

Nessa tua imagem difusa

Que me persegue e acusa.

Já que não te sei dizer

Nem descrever

Esta dor que me abusa.

Soco

Quero dar um soco.

CAPÍTULO 16

A ESTRELA

Durante anos tentamos ter um filho! Queria muito ser mãe! Durante todo o casamento apesar dos maus momentos desejava muito engravidar. Talvez porque acreditava que ser pai poderia mudar o Jorge, ele poderia tornar-se um bom pai, ao menos era essa a minha esperança. Podem os leitores me criticar, eu própria me critico muitas vezes. Porque carga de água queria ter um filho com aquele homem? A questão apenas era uma, queria muito ser mãe!

Nada, não acontecia nada. Anos e anos sem qualquer proteção, sem tentar evitar uma gravidez, no entanto o desejo de ser mãe ainda era muito grande. Fomos encaminhados pelo centro de saúde para as consultas de infertilidade. Ainda acreditava em tentar tudo o que estivesse ao meu alcance, apesar de não acreditar que poderia engravidar. No fundo começava a sentir-me conformada com o facto de que nunca iria ser mãe, o que me fazia desligar cada vez mais dele.

No fundo não havia mais motivo para o nosso casamento continuar, não conseguia mais lidar com a desilusão de tantos anos, com a violência que existia após os seus consumos. Durante anos continuei a lutar, a trabalhar, a tentar ajudar no vício... até que me fartei! Fartei-me dos roubos, das histórias rocambolescas, e deixei-o ficar...Não havia mais motivo para eu cumprir com os meus votos de cuidar na doença e na saúde, pois eu já não conseguia estar saudável por mim mesma, estava arrasada com tantos anos de controle, de posse, de mentira, de violência, de desilusão.

Fui forte, meti na minha cabeça que era desta que o ia deixar, já tinha tentado antes, mas sem sucesso, pois ele vinha e dava-me a volta. Passado uma semana de voltar para casa dos meus pais, descubro que estou grávida. Incrível, ainda hoje penso nisso com espanto. Como era possível estar seis anos com alguém e quando vais embora descobres que estás grávida?

Lembro-me de lhe ligar e ele não acreditar, assumir que não era possível, não era possível ele ser o pai. Burro! Imbecil! Não me conhecia! Não sabia que a

Mariana nunca o trairia na vida como outros a traíram a ela. Burro! Perdeu a oportunidade de ser pai! Mas eu quis dar-lhe essa oportunidade, voltei para ele, voltei para casa. A gravidez de um modo geral até que não correu mal, ele não ia tantas vezes consumir, mas continuava a ir.

Tive o Pedro sozinha no hospital pois ele, com a chave do carro na mão, a primeira coisa que fazia era ir consumir. Voltou passadas quatro, cinco horas do meu parto, chegou todo orgulhoso (e drogado) a ostentar um charuto na mão em pleno hospital.

Recordo-me da repugnância que senti daquele pai, recordo-me de olhar para o meu menino e ele para mim e passarmos a ser o mundo um do outro. Eu iria protegê-lo sempre acima de qualquer pessoa, de qualquer coisa na vida! Ele era o meu milagre numa vida tão negra, tão escura.... Era a minha luz, a minha estrela como sempre disse quando tivesse um filho.

Tinha de lhe dar uma oportunidade, uma oportunidade para o Jorge mudar, ser pai, um bom pai, um marido. Mais uma vez pensava que o destino me estava a mostrar o caminho, tal como quando o conheci, mas mais uma vez, enganei-me, ele não mudava, não conseguia mudar.

Lembro-me de que ele não conseguia ouvir o Pedro a brincar, incomodava-o o barulho pois ele estava acordado a noite toda a ver televisão. Batia no Pedro, gritava com ele, não nos deixava dormir. Sentia a privação do sono, o meu filho bebé com um ano sentia o mau estar em casa. Foi fácil para mim afastar-me dele, foi fácil para mim viver para o meu filho, foi fácil para mim desligar-me dele. Tão fácil que o Pedro tinha um ano e eu voltei a tomar a decisão de deixar o Jorge e ir para os meus pais. Espante-se, mais uma vez estava grávida quando o deixei...

CAPÍTULO 17

A ESTRELINHA

Uma única vez, uma única vez durante um ano inteiro foi suficiente para conceber a Rita. Incrível, verdadeiramente incrível o destino a pregar-me partidas. Não é segredo para ninguém que quando descobri estar grávida uma segunda vez daquele homem, o meu primeiro pensamento foi abortar.

Valeu-me a minha mãe mais uma vez para me lembrar que tudo na vida tem uma razão de ser. Mais uma vez, telefonei ao Jorge e disse-lhe que estava grávida novamente. Desta vez, ao contrário da primeira, ele não teve tantas dúvidas de que era o pai, apesar de no seu íntimo continuar a pensar que sempre que nos afastávamos e eu ia para os meus pais concebia uma criança.

Novamente, voltei para casa. Eu acreditava que o Jorge conseguiria mudar e tornar-se num bom pai. Eu acredito sempre que as pessoas podem ser melhores com o tempo, com os ensinamentos da vida, com o amor dos outros, do nosso amor. Por isso, acreditava... acreditava que o Jorge poderia transformar-se num bom ser humano. O maior problema é que o mal dele já vinha desde a infância. A família, a mãe, a irmã, deixaram-no ser o que quisesse, sem responsabilidades, sem preocupações.

Acreditava que tudo poderia mudar e que iríamos os quatro ser uma família. Mais uma vez estava muito enganada. A gravidez da Rita foi bem mais tumultuosa do que a do Pedro. Ele não tinha emprego, ao contrário de mim que sempre continuei a trabalhar. Ele continuava no vício com a sua dependência, mas desta vez eu não me importava muito, eu não prestava tanta importância, eu tinha um filho de um ano para cuidar e uma filha na barriga para criar.

Foi mau, muito mau, ele bateu-me enquanto estava grávida. Foi uma gravidez difícil, não conseguia sequer engordar com o stress, com a ansiedade que ele me criava e com o meu bébé de um ano que tinha de cuidar. Quando a Rita nasceu, mais uma vez o pai não estava presente, mais uma vez o pai tinha ido consumir.

Lembro-me de chegar a casa depois do parto, passados quatro dias de estar no hospital sem ver o meu filho e levar na cara, tudo porque ele estava frustrado com alguém que o tinha engando com a dose da droga. Mas eu tinha de ser forte, não por mim, mas pelos meus filhos, tinha de ser mãe, tudo aquilo que eu sempre desejei na vida. Eles dependiam de mim, só de mim já que não podiam contar com aquele pai. Um pai que nem sequer acreditava que aqueles fossem seus filhos.

Engraçado que, se estudarem os tipos sanguíneos, vão perceber que dois O negativos nunca podiam gerar filhos que não fossem O negativo, e eu e o Jorge temos o mesmo tipo de sangue, O-, logo os meus filhos não poderiam ser de qualquer outro tipo de sangue. Ainda assim ele achava (acha) que não era o pai. Pena, só consigo sentir pena...

Ainda há pouco ouvi dizer que não deveríamos ter filhos se não tivéssemos condições ideais. Continuo a achar, mesmo respeitando as crenças dos outros, que os filhos são uma bênção. Uma bênção de Deus feita à nossa imagem e na qual podemos ter papel principal na sua vida. Mas tudo tem um retorno. E um dia, ele vai morrer sozinho porque nunca fez nada para mudar o rumo da história.

A verdade é que sem a minha Rita, a minha estrelinha, eu não seria tão preenchida como mãe. Eu não teria a minha fotocópia como se costuma dizer. Ela era a minha cópia, uma criança cheia de vida, alegre, linda, uma estrelinha que brilhava por onde passasse. Mas a fotocópia da mãe tem um preço. Um preço muito alto que um dia vou pagar, ou não fosse a genética um fator contributivo neste transtorno... Com o diagnóstico e tratamento ainda precoces, é possível minimizar os sintomas e evitar que os nossos filhos (as), no futuro desenvolvam as formas mais graves do transtorno.

CAPÍTULO 18

A REVOLTA

Embora todos nós sejamos dotados duma identidade psicológica conhecida como personalidade, manifestada de modo único em cada um de nós, existem algumas características predominantes que nos enquadram num determinado tipo. Sendo assim, acabamos por nos tornar parecidos com outros indivíduos, que apresentam o mesmo padrão de funcionamento mental.

A vida conjugal com um borderline pode ser extremamente desgastante: num dado momento, ele apega-se e faz juras de amor eterno e no outro, de forma inesperada, é capaz de ofendê-lo e até desprezá-lo. Eu era capaz de suportar agressões, maus-tratos e ausências dele. No entanto, toda essa carga emocional voltava-se contra mim, em forma de exaustão na busca desesperada de manter o meu marido sob controle.

Agora vejo que a nossa relação era marcada pela intensidade, dramatização e dependência afetiva, tal e qual como todas as outras minhas relações. Em função disso, acabei por ser uma vítima passiva de um parceiro agressivo, mentiroso e manipulador. Felizmente com as estrelas que ganhei na minha vida, as minhas luzes, consegui ver uma luz ao fundo do túnel. Não por mim, mas por eles... De forma alguma podia deixar que os meus meninos crescessem naquele ambiente tóxico, agressivo, sem nada para lhes ensinar a não ser serem futuros adultos agressivos, com vícios, completamente desequilibrados e descompensados.

Foi difícil, foi muito difícil deixar o apego do Jorge, mas tinha de ser. Por mim, pelos meus meninos. Desta vez fui racional, fui inteligente, elaborei com calma um plano para o deixar. Não lhe disse a verdade, não fui sincera como das outras vezes, várias vezes em que lhe dizia que o ia deixar e ele me tirava as chaves do carro, o telemóvel e eu desistia de o fazer.

Rapidamente essas situações se transformavam em agressões. Várias vezes gritei e pedi para que alguém chamasse a polícia, mas ninguém parecia ouvir ou não queria ouvir... Não, desta vez fui uma planeadora. Não disse nada, não dei nada a entender que ia deixar o meu marido pela última vez, não havia mais retorno.

No final de agosto de 2013, comecei por trazer algumas roupas para os meus pais, alguns artigos básicos, deixei o Pedro a passar o fim de semana nos avós, o que não era novidade pois muitas vezes o fazia para ele ter alguma paz do pai. Com muita tristeza minha, tinha de proteger o meu filho do próprio pai; o pai batia-lhe, não suportava ouvi-lo a brincar, a fazer barulho, acho mesmo que não o suportava por achar que não era seu filho. Curioso o Pedro ser uma fotocópia do pai em tantos aspetos...custava-me muito, cada vez que deixava o meu menino, deixava uma parte de mim, mas sabia que ele estava bem, estava em paz e bem ao cuidado dos avós.

Trouxe a Rita comigo, pouco mais consegui trazer, deixamos tudo para trás, mobília, brinquedos, roupas, eletrodomésticos, a casa, uma vida de doze anos deixada para trás. Ele ficou com tudo, nós ficamos sem nada. Perdemos tudo, mas ganhamos paz. Foi uma altura muito difícil, eu pesava quarenta e cinco quilos, mas a comer bem, como sempre comi.

O esgotamento emocional transformou-se em físico, deixou-me de rastos, fui levada ao tapete por uma pessoa que hoje olho como sendo doente, tal como eu também o sou e provavelmente sempre serei. Desta vez, não era só eu sozinha com a minha dor, desta vez existiam dois inocentes com quatro e dois anos que precisavam de mim, não podia ser egoísta e pensar só em mim, na minha dor, no meu vazio.

Agradeço muito aos meus pais, pois muito sinceramente não sei se sozinha conseguiria chegar onde cheguei hoje. Recordo-me de necessitar de sair de casa para ir chorar, não o podia fazer em frente aos meus filhos, tinha de ir levantar-me de novo, mais uma vez tinha de me levantar do buraco, do vazio emocional em que me encontrava.

Desta vez, foi muito diferente, no início estava frágil, muito frágil emocionalmente, fisicamente. Não tinha nada, tinha apenas medo. Medo do Jorge, do seu controle, da sua possessividade. Achava que ele viria atrás da família que tinha perdido, a verdade é que ele apenas queria vir atrás de mim e não dos filhos.

Enviou-me muitas mensagens a ameaçar-me, uma das quais a dizer: "tu vais para o cemitério, eu vou para a cadeia, não tenho nada a perder...", mas nenhuma delas alguma vez mencionou os filhos, nenhuma delas perguntava como eles estavam, se bem, se mal.

A última vez que ele viu os filhos foi no Dia do Pai, em março de 2014. Apareceu na escola dos meninos com o cartão de cidadão na mão a dizer que era o pai deles. Passados sete meses de sairmos da vida dele, ele aparece de repente para os desestabilizar completamente. O meu pai já lá tinha ido à festa da escola nesse dia para substituir o pai. Como a escola sabia da nossa história, ligaram-me logo e não permitiram que ele saísse dali com os filhos.

Ele insultou-me frente aos filhos, frente às crianças que lá estavam, frente às professoras, a toda a gente. Chamou-me muitos nomes, foi aí que decidi que tinha de fazer queixa contra ele, não podia permitir que continuasse impune e pudesse voltar a fazer o mesmo a outra mulher um dia.

No início tinha medo, depois, tinha raiva. Muita raiva, uma raiva descontrolada. Ele tinha ficado com tudo, ele continuava a ameaçar-me, eu tinha de ser responsável pelos meus meninos, tinha de ser forte, de ser uma mãe da qual se orgulhassem. A justiça não funcionava, não me protegia, pelo contrário, fazia-me sentir ainda mais injustiçada na vida.

Várias vezes fui ver o mar, várias vezes quis entrar no mar e desparecer, mas não podia, não podia deixar os meus meninos sem ninguém, tinha de ser forte, mais forte que os meus pensamentos irracionais e impulsivos.

CAPÍTULO 19

TU ATRAIS AQUILO QUE ÉS

Ainda foram alguns anos, alguns anos metida nos tribunais sem que o pai desse a cara uma única vez que fosse. Primeiro foi a audiência do divórcio, depois a da responsabilidade parental, a da violência doméstica. Sim, a da violência doméstica, não podia deixar que o mesmo fosse acontecer a outra mulher no futuro, tinha de ser forte e fazer queixa.

Digo-vos, foi das coisas mais difíceis que fiz, a justiça não está preparada para lidar com as vítimas, acham sempre que um dos pais que se divorcia se quer vingar do outro seja através dos filhos, seja através de uma queixa desta natureza. Lembro-me de ter a juíza a perguntar a data e a hora em que algumas das agressões ocorreram. Dahhh, como se eu me conseguisse lembrar disso ao certo quando as agressões aconteciam, enfim.

Mais uma vez a Mariana conseguiu ser forte, resiliente como lhe costumo chamar. Encontrou um emprego, colocou umas poupanças de lado enquanto estava em casa dos pais, e o objetivo era termos o nosso espaço, sermos uma família. Não foi fácil, podem imaginar a convivência de três adultos, e duas crianças num T2 com sessenta metros quadrados. Ainda assim, não me podia queixar, estava protegida, estava com os que nos amavam incondicionalmente.

Entrei para um partido político, queria fazer o bem, criei a associação de pais da escola dos meus filhos, tinha de fazer o bem e de preencher o vazio, não podia estar parada, não podia sequer parar para pensar na dor que sentia. Ela continuava ali dentro, e digo-vos, era maior do que nunca, do que alguma vez foi. Sentia-me injustiçada, era uma boa cidadã, trabalhadora, uma boa mãe, era o melhor que podia ser, e o que tinha? Nada...

O estado, a justiça não nos protegeu, pelo contrário, sei que ainda hoje o pai dos meninos apesar de em sete anos nunca mais ter tido contacto com eles, não por minha decisão, pois apesar de tanta mensagem, sempre lhe disse que os podia ver quando quisesse. Ele, continua a ir a bares e a discotecas, a nunca ter dado um cêntimo para os filhos, a nunca ter aparecido no tribunal, e a viver no lar que eu tanto suei para construir.

Durante este tempo, conheci uma pessoa, alguém próximo de mim, um vizinho. Quando nos víamos havia uma ligação entre nós, algo que eu não conseguia explicar. Rapidamente de um dia para o outro e com toda a minha impulsividade à mistura, estávamos juntos todos os dias sem que nos largássemos. Mas, lá está a repetição da história novamente. Mais uma vez, e, vou repetir-me, já que os ciclos borderline se repetem, mais uma vez na minha vida estava com um homem controlador, possessivo, instável, impulsivo, etc.

Ainda demorei algum tempo a perceber que estava a repetir o mesmo ciclo, mas desta vez não perdi muito tempo da minha vida, apenas oito meses para perceber que ele era tudo aquilo que eu nunca mais queria num homem. Desta vez, sabia bem o que queria, o que merecia, e não era novamente uma relação tóxica, controladora, abusiva psicologicamente, manipuladora...

Percebi que todos os meus pensamentos autodestrutivos, suicidas e por aí fora tinham voltado. Não era uma pessoa que me fazia tirar o melhor de mim, muito pelo contrário. Mais uma vez estava perante uma pessoa com a qual podia facilmente passar do zero ao oitenta e isso não podia acontecer, afinal de contas eu já não tinha vinte anos, tinha trinta e cinco, e dois filhos para criar. Acredito que temos sempre que agradecer pelas pessoas que passam na nossa vida, e irei agradecer-lhe para sempre por mostrar aquilo que nunca mais quero num homem.

Uma das pessoas que passou na minha vida e que ainda continua, é a minha querida comadre, a Maria dos Prazeres. A Prazeres era minha colega de trabalho nessa altura, tinha um cabelo de anjo, não sei porquê automaticamente senti uma ligação com ela, apesar de ela ainda não saber que iríamos ser importantes na vida uma da outra. A Prazeres é o anjo no meu ombro, muito me ouviu, muito me aturou, muito ouviu os meus desabafos. É uma das minhas melhores amigas hoje em dia, a nossa ligação é muito grande, é daquelas pessoas que diz o que eu preciso de ouvir, é uma pessoa que me compreende naturalmente e que sabe colocar-se nos dois lados. A Prazeres, tal como outras amizades acompanhou-me nos meus piores e melhores momentos. Ainda hoje continua a acompanhar-me no caminho ao meu lado.

Os borderlines têm dificuldade em manter relações interpessoais, profissionais, felizmente, eu não sou uma borderline qualquer, sou especial, tenho um coração especial que toca muita gente porque nunca fui mentirosa ou manipuladora. A nível profissional também nunca fui inconstante, se bem que o transtorno me trouxe alguns dissabores, nomeadamente a minha impulsividade, a minha dificuldade de ficar calada, de dizer o que penso, de não o dizer da melhor forma porque era agressiva a falar, impulsiva. Pior do que tudo é não saber ouvir, interromper bastante os outros, ainda hoje trabalho nisso, mas é difícil para mim não exigir a atenção dos outros seja em que situação for.

Infelizmente, a maneira de ser dos borderlines (impulsivos, hiper-reativos, instáveis), geralmente, leva a relações tempestuosas, conflituantes e autodestrutivas. E nessa altura, eu ainda era essa pessoa. Da mesma forma que o borderline oscila entre a perceção e o juízo que faz do outro, ele também se avalia e se auto percebe. Tudo o que eu transmitia era raiva, ódio, pesar, dor...

Já sabem o que se costuma dizer: "Tu atrais tudo aquilo que és..."

CAPÍTULO 20

A MAIOR PROVAÇÃO

Capítulo 20, temos de falar do 20 de abril... sinceramente nessa data só tenho vontade de não sair de casa para que nada de mal aconteça. Mais uma vez, mais um ano para a família em que a provação foi muito difícil. A minha prima Carol, outra estrelinha da família sofreu um acidente a cavalo e faleceu. Raios, o vinte de abril é uma data horrível para esta família, o meu avô, a minha tia de França e a minha prima faleceram nessa data, eu conheci e casei com o meu ex-marido. Agora percebem que odeio este dia, literalmente! Só me traz más recordações, infelizmente...

Naquele ano pensava que um divórcio, mais mortes na família e uma relação tóxica já eram suficientes provações quando mal imaginava eu que a maior ainda estava para vir na minha vida. E digo-vos, pais, aqueles que são pais, que sabem do que eu estou a falar, sabem que a maior provação é ver os nossos filhos doentes e não podermos fazer nada. E a minha estrela, o meu Pedro, assim do nada fez com que eu tivesse a maior provação da minha vida. De repente estava bem na escola e de repente de um dia para o outro fica bastante doente, febre nos quarenta graus, não se conseguia mexer, não conseguia ver, não suportava a luz nos olhos.

Ele tinha seis aninhos e virou-se para mim e disse: "mãe, leva-me ao hospital, eu não estou bem, eu vou morrer!" No fundo, após tantas idas aos pediatras com o meu filho e com a minha filha e depois de ter visto como eram as consultas de rotina onde os pediatras viam os movimentos do corpo, a rigidez no pescoço, eu sabia que o que ele tinha era grave.

No hospital rapidamente confirmaram, após uma punção lombar que lhe fizeram, o pior dos meus receios, o meu Pedro tinha uma meningite bacteriana aguda do tipo B, contagiosa e potencialmente letal. Lembro-me como se fosse hoje de o levar a pé ao colo nos meus braços e de me sentir sozinha, tão sozinha ali com ele, tão impotente, tão incapaz sem ninguém ao meu lado para dividir aquela dor lancinante de ver um filho quase a morrer nos nossos braços. A doença atinge o estágio grave, muitas vezes letal, entre as 24 e as 48 horas. Lembro-me de ao fim de dois dias a médica me dizer, ligue para o pai dele pois ele provavelmente não vai sobreviver.

Caiu-me tudo, pensei, ligo, não ligo? Que importa ligar, durante um ano inteiro o pai não quis saber deles, o que lhe importaria isto agora? Naquele momento agarrei a sua mãozinha e gritei-lhe no meio do hospital: "Tu és forte, tu és como a mãe, tu és um guerreiro, tu vais viver! Luta, Luta contra isso, não me podes deixar, não podes!". Não sei se ele me ouviu, acredito que sim, pois ao terceiro dia ele começou a mostrar sinais de melhoria.

Foram quinze dias no hospital, sozinha com ele, só nós os dois. Não podia ver a Rita, não podia ser dali, não tinha mais ninguém para me substituir. Devem ser as palavras mais difíceis ao escrever este livro, esse momento ainda me faz chorar, ainda me faz pensar mais uma vez no quanto a vida é frágil, é ténue. Ainda me faz pensar no quão perto eu estive de perder a minha luzinha, a minha estrela.

Ainda me faz lembrar o quanto me senti sozinha, desamparada, sem ninguém com quem partilhar os meus receios, as minhas dificuldades, os meus pensamentos. Sem ninguém para me amparar, não só a mim, mas ao meu menino que vi às portas da morte. O Pedro tinha as vacinas da meningite pagas por mim a custo particular, pois naquele tempo ainda não eram comparticipadas. Infelizmente nessa altura a vacina que ele tomou não abrangia o subtipo B pois essa só surgiu mais tarde.

Por isso, eu digo àqueles que são pais, não hesitem em vacinar os vossos filhos, não os queiram ver como eu vi o meu, não queiram passar por isso, não arrisquem.

Foi a minha maior provação. Qual estalo, pontapé, violência, qual quê? O pior é ver um filho a sofrer e estar frágil, sozinha. Na altura, depois do Pedro ter alta do hospital, cheguei a casa e estava uma noite estrelada. Levantei as mãos para o céu e disse: *"Chega, já chega! Sou uma guerreira, mas chega, por favor, já chega de tantas batalhas! Eu não mereço! Ou talvez mereça, magoei muitos à minha volta mesmo sem querer!"*

Sei que existiram consequências, não para o Pedro que graças a Deus recuperou com poucas sequelas a não ser ter ficado com um déficit de atenção que não tinha antes, mas para a irmã que ficou afastada da mãe durante duas semanas.

CAPÍTULO 21

OS PRIMEIROS SINAIS

A Rita tinha quatro anos, nunca tinha estado afastada de mim, durante quinze dias não viu a mãe, não me sentiu. A partir dali, e já em casa comecei a perceber que a Rita tinha passado daquela menina alegre, entusiasta, contagiante, para uma menina triste, meia revoltada, meia enraivecida. Acredito que tenha sido o ponto de viragem dela. Tal como vos disse antes, a probabilidade genética de passar o TPB para um filho é grande, e muito sinceramente, aquela que eu dizia ser a minha fotocópia, agora sim, começava a revelar-se a minha personalidade.

Eu já começava a perceber algum descontrole das emoções na Rita, mas a primeira vez que praticamente confirmei isso foi quando a avó disse qualquer coisa que ela não gostou, e de repente vemos a Rita a bater com a cabeça contra uma porta. Aí entendi que a minha filha de quatro anos estava a libertar um sentimento, um sentimento de raiva, de incompreensão, de ciúme, de emoções exageradas. Quando lhe perguntei o porquê de ter tido tal atitude, ela disse: "ninguém gosta de mim, eu não sou boa, toda a gente prefere o Pedro, ninguém gosta de mim..."

Aí percebi que a minha filha tinha manifestado o primeiro sintoma borderline, tinha tido um comportamento completamente irracional e de baixa autoestima. Tinha direcionado um sentimento de raiva, de impulsividade e pior do que tudo, contra ela mesma. Para quem não a conhece ou conhecia, a Rita é simplesmente linda, bonita, com uns olhos penetrantes azuis-esverdeados, cheia de vida, cheia de luz... Até àquela altura ela fazia poses, era sorridente, cheia de vida, irradiava luz. Até à doença do irmão ela era assim, agora olha-se ao espelho e não vê a menina maravilhosa e esplendorosa que ainda acredito que se vá tornar.

A minha filha não tem a perceção dela mesma, sente-se inferior, influenciada com o que os outros pensam dela, sente que tem várias personalidades ao mesmo tempo, tem frequentemente crises de raiva, identidade, e muitas dificuldades para entender os seus próprios sentimentos e vontades.

Lembro-me da minha filha, perante a pedopsiquiatra pública lhe dizer que estava muito bem, estava tudo bem, tinha perdido o gato que fugiu e, portanto, este foi o seu imediato diagnóstico. Talvez a psiquiatra devesse ter visto o assunto de forma mais "ampla", este foi apenas mais um dos seus gatilhos, o abandono do seu animal de estimação. Mas ela não vive connosco, ela não vê a Rita diariamente, não observa o seu comportamento e as variações constantes, a alegria, a efusividade e o choro que se sucedem num espaço momentâneo, de segundos, ela não a conhece como eu!

O diagnóstico preciso deste transtorno requer grande experiência com este tipo de personalidade, além de muita atenção e dedicação do psiquiatra para "ver" o que os borderlines escondem, inclusive deles mesmos. A colaboração dos familiares e pessoas que queiram realmente ajudar, é imprescindível nesta jornada tão difícil quanto desafiadora.

E eu digo-vos, a partir dos cinco anos de idade, a Rita manifestou ou começou a manifestar todos estes sintomas abaixo, inclusive mais alguns dos que aqui descritos:

- Sensação de vazio e de solidão
- Impulsividade
- Frequente comparação a outros, com uma visão auto depreciativa de si mesma
- Ira inapropriada e intensa ou dificuldade para controlá-la.
- Instabilidade afetiva devido a uma grande reatividade do estado de humor
- Dificuldade em expressar as suas necessidades e os seus sentimentos

Durante a adolescência, algumas características podem ocorrer em qualquer jovem; no entanto, nos adolescentes borderlines essas características apresentam-se com frequência e intensidade além do esperado e considerado razoável para esta fase turbulenta da vida.

É comum a maioria dos adolescentes se revoltarem contra os pais, quererem sair de casa, experimentarem drogas, dirigirem de forma inconsequente, colocarem-se em situações de risco, terem alta rotatividade de relacionamentos, mudarem de acordo com o grupo em que estão inseridos. Tudo isto ocorre porque eles estão num momento de descobertas intensas da vida, da sexualidade, e de formação de identidades independentes dos seus pais. Muitos passam por uma fase de experimentação, mas o que os diferencia dos adolescentes com personalidade borderline é a motivação que apresentam para se comportarem da forma como se comportam.

Os adolescentes, na sua maioria absoluta, agem de forma disfuncional, simplesmente porque são adolescentes; eles não sentem nem procuram explicar por que fazem o que fazem, limitam-se a dizer "sei lá, aconteceu...".

Com os adolescentes borderlines a história é bem diferente, eles apresentam uma motivação para todas as suas disfunções emocionais, cognitivas, comportamentais e pessoais. É importante lembrar que as motivações podem não nos parecer legítimas ou até ser fantasiosas e exacerbadas, mas de fato é assim que eles se veem, sentem e se portam frente aos conflitos ou problemas.

Apesar de os comportamentos entre os adolescentes borderlines e "não borderlines" se mostrarem semelhantes, é preciso observar o que há por trás de cada ação deles. Por exemplo, um ataque de fúria origina-se sempre de uma frustração (real ou imaginária). Nesse momento, os adolescentes apresentam uma irritabilidade marcada e crescente, até que eles perdem o controle e "transformam" em raiva e ira. Após este acesso, eles geralmente mostram-se tristes e envergonhados, no entanto o sentimento de culpa e arrependimento tem duração curta, pois são capazes de agir da mesma maneira se um novo fator de frustração e adversidade ocorrer na sua vida.

A autoestima dos adolescentes borderlines é muito baixa, eles veem-se como jovens feios, incapazes, burros e maus. Podem, por vezes, disfarçar toda essa insegurança e se apresentar com uma postura de poderosos e bem-resolvidos, o que lhes confere certo ar de arrogância para aqueles com os quais não têm um relacionamento mais estreito. No entanto, dentro de suas mentes, os seguintes pensamentos são constantes e sentidos com ansiedade e angústia: "sou uma porcaria, não sei como as pessoas ainda gostam de mim", "sou incapaz e sempre serei", "a minha vontade é de desaparecer", "nunca serei feliz", "nunca serei amado de verdade", "ninguém gosta de mim", "sou uma pessoa má" e "mereço o sofrimento que estou a passar".

É bastante comum alguns pacientes levarem em média dez anos até receberem o diagnóstico correto, falando já numa fase de adulto. A maior parte foi atendida e medicada erradamente com um diagnóstico equivocado. A maioria desses pacientes já tinha passado por internamentos em função de diversos sintomas, como depressão, pânico, abuso de álcool, drogas, e tentativas de suicídio.

Tenho medo, tenho muito medo, a Rita tem dez anos neste momento, revejo-me tanto nela, não quero que a minha filha passe por tudo pelo que passei, talvez por isso uma das minhas melhores decisões foi levá-la para a terapia aos oito anos. Ao mesmo tempo, marquei uma consulta na pedopsiquiatria no serviço nacional de saúde. Mas eu sabia no que ia dar, no que a pedopsiquiatra do SNS me ia dizer, que era muito cedo para diagnosticar ou pensar sequer nessa palavra para a Rita pois ela é muito nova ainda. Infelizmente, os nossos psiquiatras, pedopsiquiatras, psicólogos, não estão preparados para ouvir esta palavra, borderline. Parece um monstro, um papão, algo que não parece real.

É mais fácil dizer que os nossos filhos estão a entrar na adolescência ou pré-adolescência e por isso podemos "desculpar" alguns comportamentos com essas fases. Posso falar por mim. Desde os meus quinze anos que já tomava antidepressivos, abusava do álcool e tinha comportamentos suicidas e de automutilação, no entanto fui diagnosticada com depressão, principalmente porque tinha sofrido a perda dos meus avós.

Apesar de todo este histórico, a maior parte das pessoas, dos médicos, psiquiatras, psicólogos, familiares, companheiros, ou amigos, nunca ouviram falar neste transtorno de personalidade (TPB), continuam a confundir com a bipolaridade. Considero a maior diferença entre a bipolaridade e o TPB, o alternar entre estados apáticos e de euforia.

O bipolar mantem-se apático ou eufórico durante uma semana, um mês, um período de tempo médio ou longo regular. O borderline não, está sempre numa montanha-russa de sentimentos e emoções várias vezes ao dia, num momento estás triste, passados cinco minutos alguém diz algo que te faz ficar eufórico, para cima, para baixo, para cima, para baixo... imaginem toda esta hiperatividade durante um dia inteiro, é destrutivo, é cansativo, é difícil... O pior é que ninguém nos compreende, não entendem porque te sentes assim, porque te estás a rir e de seguida ficas a chorar.

Eu gostaria muito, mas mesmo muito que alguém me tivesse diagnosticado mais cedo, teria evitado um conjunto de más situações, maus comportamentos, teria evitado muitas situações más na vida, muita dor, muito sofrimento, para mim, e para os outros à minha volta. Mas já lá vamos, à parte em que fui diagnosticada, mas apenas passados quarenta anos desde a manifestação dos meus primeiros sinais (sintomas).

CAPÍTULO 22

O VAZIO

Porque não acabas com as tormentas que rodeiam os teus pensamentos e te acorrentam no passado?

Por que te revoltas tanto com a vida?

É triste quando viver se torna algo doloroso. Revoltar-se é não compreender, e não compreender é sofrer. Começa a surgir um sentimento de vazio, pois nada te satisfaz, nada te deixa com um brilho nos olhos, nada te faz sentir...

A luta contra o vazio não é fácil, é ter a sensação de que estamos à deriva, imersos num mar de dúvidas e inseguranças. É um sentimento difícil de explicar, é pensar que a nossa existência não faz sentido, mesmo quando o nosso ambiente nos mostra exatamente o contrário.

É neste momento que a tua mente se torna a tua pior inimiga, ela sabe os teus pontos fracos e vai atacar-te até te deixar completamente no fundo.

Esforças-te tanto para conseguires que os outros te façam dar um pequeno sorriso, algo que faça o teu

Antes de qualquer coisa, é preciso lembrar que uma personalidade borderline possuí uma mente inundada de sentimentos e pensamentos negativos. Esta hiperatividade emocional gera e alimenta a hiperatividade dos pensamentos, e ambas produzem um estado de agitação mental que, em uma determinada hora, terá de ser extravasada como ocorre com os ataques de fúria. Para que isso não aconteça, toda a energia produzida deve ser canalizada em atividades alternativas e saudáveis, tais como caminhadas, exercícios físicos de maior intensidade, dança, natação etc. Aprender a relaxar com técnicas de ioga, meditação, e respiração entre outras, pode produzir efeitos positivos para desviar o foco do sentimento gerador da irritabilidade.

Depois de ter estabilizado, necessitei de ter algum controle sobre a minha vida. Afinal de contas, não bastava ter um emprego, ter os filhos bem, ter um teto para viver. O vazio estava sempre lá, atrevo-me a dizer que a raiva pelo meu ex-marido, essa, continuava bem, muito bem presente ainda na minha vida. Digo-vos são dois estados completamente incompatíveis, o vazio, a raiva e o ódio por ter perdido tudo, por ter dado um pai daqueles aos meus filhos, por eles sofrerem com isso apesar de não mostrarem.

A forma que encontrei foram as caminhadas à beira-mar, davam-me paz, faziam-me pensar, chorar, libertar todo o mau sentimento enquanto olhava para as ondas que batiam nas rochas. Tinha vontade de bater, tinha vontade de me atirar, tinha um turbilhão de pensamentos que me passavam pela cabeça.

Desejo ver o meu mar hoje!

Porque ele compreende a minha revolta.

É tal e qual a sua quando as ondas crescem e batem com toda a sua força na areia.

Ele compreende a minha desilusão.

É igual à sua quando está sozinho sem ninguém a olhá-lo....

Ainda assim, a brisa do mar, o horizonte, a praia vazia no outono, ajudaram-me. Estava a ficar mais controlada, mais calma, mais alegre pois tinha tudo para dar graças e não o contrário. A associação de pais, o emprego e a boa profissional que eu era, a política e a coordenação do partido no Porto mantinham-me ocupada. Faziam-me pensar que estava a ser um bom ser humano, uma cidadã útil para a sociedade, um exemplo para os meus filhos.

Mas continuava a sentir-me sozinha, vazia, faltava algo, faltava alguém mais uma vez para me sentir completa. Mais uma vez não me sentia completa comigo, com a minha vida, com as minhas atividades, com a família, com os amigos, mais uma vez sentia-me vazia apesar de ter tanto na vida para me preencher.

CAPÍTULO 23

UM INSTANTE

Continuava à espera de que a vida me trouxesse o príncipe encantado, continuava à espera de viver o conto de fadas que ainda não tinha vivido antes, continuava à espera de ter alguém que me colocasse em primeiro lugar, antes de si, antes dos outros. Mas pensando bem, seria isso saudável? Alguém que me colocasse antes de si? Alguém que abdicasse do seu tempo, do seu amor próprio, da sua autoestima e me pusesse a mim e aos meus filhos em primeiro lugar?

Pensando bem, talvez não fosse... afinal de contas talvez eu ainda não gostasse de mim, talvez eu ainda não tivesse resolvido a minha raiva, talvez eu ainda não estivesse de bem com o mundo.

De que forma poderia atrair um "príncipe" se não me sentia uma "princesa"? Eu achava que sim, eu achava que era uma estrela que brilhava, e brilhava. Comecei a tirar selfies, muitas selfies, comecei a sorrir para as fotografias (só a partir dos trinta anos é que me comecei a sorrir para as fotos, não me achava bonita...) Eu sorrio, rio, divirto-me, mas não estou bem por dentro. Mas quando estou, sou "Brilhante"!

Toda a mulher deve ser amada

No seu dia festejada

Na alegria multiplicada

Na tristeza consolada

Na luta encorajada

No trabalho motivada

Na beleza admirada

Na boca beijada

Na vida abençoada

No aniversário presenteada

No colo abraçada

No mundo inteiro respeitada

Não demorou muito a que aderisse às novas tendências das redes sociais, o tinder. Lá, rapidamente comecei a falar com muitas pessoas, a maior parte sentia-os vazios também, tal como eu. Sabia o que não queria, desta vez sabia bem o que queria num homem: alguém bem formado, otimista, calmo, respeitador, que partilhasse os meus valores, o sentimento de família e de apego. Alguém que me compreendesse, que me desse (trouxesse) tudo o que nunca tinha tido antes. Ao deslizar pelas várias fotos, pelo "catálogo" de homens do tinder, uma fotografia chamou-me logo à atenção. Uma com um homem bonito, sorridente, num local exótico e com um papagaio ao ombro. Não porque eu goste muito desse animal, mas porque é o favorito do meu filho. Automaticamente fiz um like, não passaram dois minutos até que tivesse um Fernando do outro lado a dizer-me olá.

A conversa rapidamente fluiu, ainda para mais morávamos a três quilómetros um do outro, tínhamos o mesmo clube desportivo e bastantes interesses em comum. O Fernando era licenciado em contabilidade, morava sozinho na sua própria casa, aparentava ter muita classe e ser um homem independente com um emprego estável de dez anos, solteiro e sem filhos. Calmo, sensível na conversa, não era daqueles apressados a ir com muita sede ao pote, gostei, gostei de toda aquela conversa inicial. Mas sinceramente, estava numa fase da vida em que o meu objetivo não era procurar ninguém, não que eu não quisesse, mas não era esse o objetivo principal no momento.

Naquela altura, já eu tinha colocado poupanças de lado e a minha vontade era a de ir para uma casa e ser uma família com os meus meninos. Naquele momento estava em condições de o fazer, era esse o meu objetivo. Apesar da minha falta de interesse verdadeiro, o Fernando veio atrás, um dia, outro dia, mais uma conversa, mais outro dia, até que naturalmente um encontro para um café se proporcionou entre nós. Já ouviram dizer? "quando não se procura, encontra-se". Pois é, ao fim de um tempo depois de tanto procurar o "homem certo", desisti.

Achava que nunca iria encontrar o "príncipe encantado", mas ele parece ter-me encontrado a mim e eu achei que tinha encontrado aquilo que procurava. Lembro-me de ao fim de quase dois meses de estarmos juntos todos os dias e apenas sentir uma amizade, lhe dizer: "eu não quero namorar contigo, eu não sou tua namorada!". Não sei, não sentia a intensidade da paixão com ele, não era meu objetivo estar com alguém depois de tudo o que passei, queria era estar independente com os meus meninos. Ele respondeu: "Não me importo, eu não vou a lado nenhum, é contigo que quero ficar!".

Um homem que ali ficou, que insistiu, que batalhou por mim. Um homem bom, diferente de todos os "bad boys" que quase sempre eu procurei. Acho que nunca tinha acontecido, nunca tinham lutado assim por mim, nunca tinham depois de mostrar as minhas verdadeiras "cores", o meu "mau feitio" a todo o momento. No fundo queria sabotar os sentimentos dele por mim, no fundo achava e pensava que não merecia uma pessoa como ele na minha vida, ao mesmo tempo que achava que sim.

De forma imediata e intensa, a nossa personalidade pode apresentar alegria descabida ou euforia diante de uma possibilidade emocional ou profissional, que seja por ela interpretada como aceitação ou aprovação de sua aparência, sentimentos ou de um talento específico. Talvez achasse que a vida me estava a trazer aquilo que eu sempre procurei e nunca encontrei. E é verdade, a vida trouxe alguém muito diferente, calmo, honesto, verdadeiro, com valores, com muito para dar... Eu achava que sim...

Um instante...

Um instante é o suficiente para a mente tropeçar no coração.

Num instante fiz do teu abraço o meu porto seguro, a minha calma, o meu carinho e o brilho dos meus olhos.

Num instante entendi que te queria ao meu lado para ser aquele que sempre me iria entender, escutar, ajudar.

Num instante percebi que eras alguém especial que me faz sentir especial.

Um instante. Foi naquele instante que senti que estava destinada a ti...

CAPÍTULO 24

AS MÁSCARAS

Não demorou muito para nos juntarmos. Não demorou muito para que a sua insistência, a sua resiliência para comigo conquistasse o meu coração. Ao fim de três meses fui viver com ele. De repente todos os meus objetivos, todos os meus planos mudaram. O Fernando tinha casa própria, qual seria o sentido de ir alugar uma casa, comprar mobília, montar tudo para depois me juntar a ele? Nenhum. O problema foi que não segui a minha intuição, não segui o plano há tanto desejado desde que vivia com os meus meninos com os meus pais.

Os meninos gostavam dele, viam-no como um pai. Ele preocupava-se, trazia prendas, roupas, fazia surpresas, era tudo aquilo que eu desejava. Marcava jantares, fins de semana, massagens, comprou-me lingerie, tudo aquilo que nunca tinha tido antes na vida. Era a primeira vez que experimentava um conjunto de coisas boas numa relação e com um bom homem. Quando se fala de amor e de um(a) "borderline", o que não falta é emoção, intensidade e muitos "acontecimentos"!

Ao fim de um tempo, ao fim de cinco meses de estado de felicidade, de euforia, e de grandes emoções (pelo menos da minha parte), o Fernando pediu-me em casamento. No início eu fui completamente contra a ideia, não imaginava casar outra vez na vida.

Sempre pensei que o casamento era para sempre, era só um, nos bons e maus momentos, não me conseguia imaginar novamente num altar com alguém depois de o meu casamento de doze anos ter corrido tão mal. Mas sabem como são as mentes de um borderline, em constante hiperatividade, pensamentos tem diferentes do normal, pensamentos e sentimentos impulsivos e imprudentes.

Rapidamente dei por mim a imaginar no quanto seria bom ter alguém com quem sentisse segurança, emocional, material, o quanto seria bom para os meus filhos também terem essa segurança. De repente a ideia não me pareceu má, nem boa, mas sim excelente! De repente, tudo aquilo que eu queria era casar com ele. De repente já só pensava nisso e mais nada, de repente tudo aquilo que tinha já não chegava, já não era bom, já não bastava.

O problema é que o Fernando tinha máscaras, era calmo, sensível, meigo, mas parecia muitas vezes desprovido de emoção, coisa que, sendo eu intensa me incomodava bastante. Ele não mostrava o seu desagrado, não dizia o que sentia, ficava apenas a sorrir sem dizer nada, era "vazio", muitas vezes vazio de emoções ou sentimentos.

Os borderlines costumam atrair parceiros com determinados perfis de funcionamento mental e que tendem a moldar-se aos nossos estados mais disfuncionais. Alguém que possamos mudar, recuperar, ajudar e transformar. O Fernando era uma pessoa "certinha", a convivência com a Mariana no início da relação, alcançava um espetáculo de luzes, cores, ação e muita emoção! O Fernando também era egocêntrico, vaidoso, materialista, muito preocupado em viver na sua "bolha", no seu mundo, na sua casa, com as suas coisas. Acredito que na nossa relação estava à procura de valorização, adoração e alguém ao serviço das suas vontades, manipulações e prazeres. Comecei a sentir a sua falta de empatia, de afetividade, de emoção.

Acredito que o pedido de casamento era verdadeiro, era sincero, mas estava a demorar a ser oficializado. Passava um mês, passava outro, todos os meses costumávamos festejar a data de aniversário de namoro e dar uma prendinha por simbólica que fosse um ao outro. Todos os meses eu achava, vai ser desta, vai ser desta que ele se vai ajoelhar e dar-me o anel para oficializar o noivado. Todos os meses eu esperava, um mês, mais um mês, nada acontecia, todos os meses eu sofria a desilusão nesse dia.

Ora, quem nos conhece sabe que esses pensamentos tomam conta de nós, quando queremos algo, queremos e pronto, mais nada, temos de ter aquilo que queremos ou ficamos ressabiados interiormente. E o que acontece? Acontece que vamos atirar toda a nossa desilusão, ressabiamento, raiva, contra o outro.

CAPÍTULO 25

O CICLO

O Fernando não tinha filhos, a sua atenção era virada para os pais. Eu também sou filha única, se não tivesse filhos, também provavelmente teria a minha atenção toda virada para os meus pais. Mas por vezes era um exagero. O Fernando telefonava, ia todos os dias aos pais, estava lé em casa todos os dias. Pacientes com transtorno de personalidade borderline podem sentir empatia e cuidar de uma pessoa, mas somente se eles acharem que essa outra pessoa estará disponível para eles sempre que necessário. Aquilo começou uma onda de ressabiamento dentro de mim, mais uma entre as muitas que já tinha.

A personalidade borderline não suporta a falta de atenção, não suporta ser colocada de lado, não suporta que lhe deem pouca atenção. Mais uma vez parece irrealista, completamente irracional, ter ciúmes dos pais, dos amigos, de todos os que fazem com que o foco não sejamos "nós".

Necessitamos do nosso parceiro para nos sentirmos completos pois o medo da solidão é tão intenso que somos incapazes de ficar sozinhos connosco mesmos. Exigimos afeto, amor e apoio incessantemente, a ponto de tornarmos pegajosos. Um borderline, muitas vezes, apresenta quadros depressivos e eufóricos de curta duração que tendem a ser precipitados por acontecimentos externos imediatos. Somos capazes de ficarmos deprimidos de forma imediata frente a um acontecimento frustrante, especialmente quando ele envolve rejeição afetiva.

Não demorou muito tempo para que a falta de oficializar o noivado, a falta de atenção, a rotina e o ressabiamento tirassem o "monstro" dentro de mim. De repente dava por mim a culpar o Fernando de tudo o que acontecia, de tudo o que de mau me fazia sentir, de todo o "vazio" que me estava a provocar. Estava magoada, zangada, a culpa era dele! Ele despertou vários "gatilhos", o da "falsidade", "falta de atenção", "incompreensão".

Ao contrário dos bipolares, as emoções e sentimentos opostos e os sentimentos daí derivados que um borderline experimenta numa questão de segundos são inimagináveis, são avassaladores. Mais, podemos manifestar diversos comportamentos a partir de um único pensamento. Um simples sentimento é capaz de se multiplicar de forma exponencial dentro de cada um de nós. Nos nossos descontroles afetivos, somos capazes de atitudes tão agressivas, desrespeitosas e destrutivas, tais como somos capazes de atitudes românticas, e juras de amor eterno.

Sentia-me constantemente numa corda bamba, estava sempre a um passo de perder o controle a qualquer momento, perder o equilíbrio e cair para o lado. O problema para as pessoas com personalidade borderline é que, por um funcionamento reduzido e consequentemente disfuncional, não conseguimos interromper ou reverter o stress e a irritabilidade que sentimos de forma constante.

Durante esses ataques de descontrolo costumamos fazer coisas que normalmente não faríamos, como bater, insultar, conduzir de forma desenfreada, trancarmo-nos no quarto, tentar suicídio... Estas atitudes durante um ataque de fúria nunca são planeadas, pois estão fora do nosso controlo. Já nos comportamentos auto lesivos o nosso objetivo é provocar dor física para aliviar a dor psicológica que sentimos.

A dor psicológica é insuportável, exageradamente insuportável, difícil de aguentar, impossível de controlar, ao contrário da dor física que infligimos a nós. No entanto, as ameaças por exemplo, geralmente são algo calculado e planeado pois têm como objetivo a manipulação para obter um benefício imediato. Emoções intensas e negativas tendem a criar "cicatrizes" nas nossas lembranças e, dessa forma, passam a ser ativadas e revividas aos menores sinais de sofrimento ou frustração.

Isto cria um ciclo vicioso de sofrimento, que se alimenta de forma intensa e devastadora a cada dia que passa. Desta forma, criamos um novo ciclo de rejeição, que faz com que o nosso parceiro se afaste e comece a tornar a relação insustentável. Da mesma forma que oscilamos quanto à perceção e ao juízo que fazemos do outro, também nos auto avaliamos e nos auto percebemos muitas vezes de maneira bastante instável.

Porque não acabas com as tormentas que rodeiam os teus pensamentos e te acorrentam no passado? Por que te revoltas tanto com a vida? É triste quando viver se torna algo doloroso. Revoltar-se é não compreender, e não compreender é sofrer. Começa a surgir um sentimento de vazio, pois nada te satisfaz, nada te deixa com um brilho nos olhos, nada te faz sentir...

A luta contra o vazio não é fácil, é ter a sensação de que estamos à deriva, imersos num mar de dúvidas e inseguranças. É um sentimento difícil de explicar, é pensar que a nossa existência não faz sentido, mesmo quando o nosso ambiente nos mostra exatamente o contrário. É neste momento que a tua mente se torna a tua pior inimiga, ela sabe os teus pontos fracos e vai atacar-te até te deixar completamente no fundo.

Esforças-te tanto para conseguires que os outros te façam dar um pequeno sorriso, algo que faça o teu coração acelerar, mas por mais que tentes não consegues e tens vontade de desistir. Vives prisioneiro da tua mente o que te leva a pensar nas piores questões: porque me sinto assim? Porquê eu, logo eu?

Na tua cabeça surge um turbilhão de pensamentos autodestrutivos: esta tristeza nunca irá desaparecer, a minha existência é indiferente e ninguém se importa comigo. Sou um peso na vida de toda a gente... é quando te sentes tão sozinha e parece que estás só no mundo, nada mais dentro de ti além do vazio enorme da solidão e da amargura...

CAPÍTULO 26

A PRIMEIRA SESSÃO

O que determina a necessidade de tratamento não é o facto de existir um transtorno psíquico, mas o facto de ele apresentar níveis significativos de desconforto que limitam a nossa vida e das pessoas com as quais existe uma convivência mais próxima.

Para mim, a vida sempre foi assim: diferente, com um caos interno e/ou externo e sem um porquê identificável. Achava que toda a minha raiva, todas as minhas atitudes, todas as minhas irritabilidades, pensamentos e emoções provinham do stress pós-traumático do casamento, da vergonha da violência doméstica, da injustiça que ainda sentia, da minha falta de estabilidade em manter uma relação afetiva, já que a atual também se começava a desmoronar.

Aquando da minha jornada como presidente na associação de pais, tinha feito uma parceria entre a escola e um gabinete de psicologia que se destinava a atender crianças que necessitavam de apoio educacional e/ou emocional, a preços mais baixos. Rapidamente percebi que o meu próprio filho necessitava dessa ajuda, pois tinha ficado com dificuldades de concentração e de convívio social, fruto das cicatrizes deixadas pela doença do Pedro e pela lembrança do pai.

O Pedro começou a frequentar o gabinete de psicologia e a ter sessões de terapia individual, começou a melhorar as notas, a fazer mais amigos, começou a crescer de forma mais saudável. Senti que pelo menos era uma boa mãe, isso conseguia e sempre consegui ser, ao contrário das minhas relações interpessoais. Até que de repente, num momento de racionalidade e de constantes situações com as mais variadas ansiedades, pesei para mim mesma a busca de auxílio, de apoio, de terapia pela primeira vez na vida.

É fundamental e muito importante a ligação afetiva que se deve procurar entre o terapeuta e o paciente pois esse laço afetivo estende-se ao tratamento como um todo, fazendo com que tudo fique mais fácil e o paciente passe a ansiar com a sua consulta com o terapeuta. Médicos e terapeutas afetuosos, geralmente, mostram-se mais cativantes para os borderlines pois estes, muitas vezes, sentem-se verdadeiros "estranhos" e incompreendidos. O objetivo de toda a terapia é fazer com que a pessoa se sinta melhor, com controle de si mesma, independentemente de com quem está ou onde quer que esteja. Esta é uma tarefa muito difícil, pois é uma procura filosófica pelo nosso bem-estar e paz interior para todos os que procuram uma vida equilibrada e feliz.

Em geral, a primeira consulta a um psicólogo ou psiquiatra ocorre por pressão de familiares ou parceiros e, por isso às vezes torna-se pouco propícia para o estabelecimento de uma boa relação terapêutica. No entanto, no meu caso fui eu mesma a marcar a consulta com alguém com quem eu já tinha empatia, com o psicólogo que já conhecia do gabinete e que lidava com os adultos, o José.

Recordo-me de lhe dizer que queria marcar uma sessão pois estava numa boa relação afetiva da minha vida, tinha um bom emprego, no entanto continuava a cometer os mesmos erros da minha vida e a afastar e magoar as pessoas das quais eu gostava.

Recordo-me de lhe contar por alto que tinha sido vítima de violência e naquele momento tinha muita raiva acumulada dentro de mim, talvez precisasse de falar com alguém para me ajudar a controlar esses sentimentos. Sabem, é que eu nunca desabafei com ninguém que me entendesse, que me compreendesse, que percebesse o porquê de ter continuado com aquele casamento durante doze anos.

É um ciclo, um ciclo que as vítimas de violência doméstica tão bem conhecem, lua de mel, lua de fel, medo, vergonha, etc... No fundo acreditava plenamente que o José me iria ouvir, perceber, e não julgar, pois esse era o seu trabalho. Acreditava que ele me iria ajudar a lidar com todos aqueles sentimentos que ainda se acumulavam dentro de mim.

Lembro-me bem da primeira sessão, em 2017. Sentei-me no sofá com o José e a primeira coisa que ele me pediu foi para contar a minha história, a minha vida desde a infância até àquele momento no presente. Recordo-me de partilhar com ele todos os capítulos até aqui descritos. Lembro-me muito bem de lhe dizer, acho que sou bipolar, tão depressa estou bem, como a seguir fico mal.

Recordo-me até hoje das palavras do José: "A Mariana não é bipolar, a Mariana tem todos os traços de ter personalidade borderline, ou personalidade limítrofe, mas vai responder a um questionário para confirmarmos o meu diagnóstico." Naquele momento, na minha memória apenas ficou aquela palavra: Borderline. Que palavra assustadora era esta? O que era? Que doença é que eu tinha?

Nunca tinha ouvido falar disso antes, nunca tinha lido sobre isso em lado nenhum. Logo que cheguei a casa a primeira coisa que fiz foi "googlar". Pouco aparecia sobre isso, e os artigos que surgiam eram maioritariamente brasileiros. Percebi de imediato que em Portugal, pouco ou quase nada se falava sobre este transtorno. A seguir fui para o Facebook ver o que aparecia com esta palavra. Lá encontrei um grupo ou dois, hoje existem bem mais. Na altura apenas existiam grupos brasileiros a falar sobre o transtorno cujos membros sofriam do mesmo.

Foi das melhores coisas que fiz ao aderir ao grupo, percebi que lá todos falavam a mesma linguagem, tinham os mesmos problemas, os mesmos sentimentos, os mesmos sintomas, a mesma forma de reagir, de estar... mesmo que cada paciente borderline seja único, pois cada ser também é único e tem um conjunto de condicionantes externas que influenciam os comportamentos, as principais características que caracterizam um borderline estavam presentes em todos os membros do grupo.

As palavras mais utilizadas eram a baixa autoestima, o vazio, a auto lesão, a incompreensão, a solidão, a raiva, o suicídio, etc... Apesar de estar assustada, bastante assustada, de repente tudo me fazia sentido, toda a minha vida até ali fazia sentido, as minhas reações, os meus comportamentos, os meus estados emocionais que variavam muito rapidamente de repente.

Foi muito bom perceber e falar com quem me entendia, com quem me percebia perfeitamente, com quem já estava num estado mais avançado na psicoterapia e tinha conselhos para dar. Por outro lado, havia alguns membros do grupo a publicar as suas fotos de auto lesão ou mutilação e isso era muito mau de ver, trazia-me algumas lembranças de quando também tive vontade e fiz o mesmo. Também era difícil ouvir outros a falar da morte, da vontade de se suicidarem, mas não estavam sozinhos, havia sempre algum membro ou até vários que apoiavam com os seus comentários de força.

Passada uma semana fui à segunda sessão de terapia, aí já estava informada, aí já entendia tudo o que o José me quis dizer. A primeira parte do tratamento estava concluída: informação e conhecimento. A seguir começava a fase do apoio através da psicoterapia para evitar a última etapa do tratamento, a medicamentosa.

CAPÍTULO 27

O(S) TRATAMENTO(S)

A primeira terapia mais utilizada é a das intervenções empáticas, uma vez que essa postura terapêutica contribui para adaptação do paciente e estabelecimento de um vínculo. A atitude empática da terapeuta, conforme Ablon e Jones (1998), está de acordo com as técnicas terapêuticas da abordagem psicanalítica. Os autores descrevem que o modelo de base psicanalítico se destaca por uma posição do terapeuta neutra, empático e sensível aos sentimentos do paciente.

O segundo tipo de intervenção mais utilizado foram as exploratórias fechadas, quando o terapeuta realiza pedidos de informações, introduzindo tópicos de discussão. Em geral, o uso de intervenções interrogativas, caracterizam uma postura mais ativa e diretiva do terapeuta. Geralmente, é mais utilizada no modelo cognitivo de tratamento. (Goodman, Edwards, & Chung, 2013).

Quanto a mim e à minha experiência posso dizer que passei pelos dois estágios de terapia, não só a empatia do José, mas também a forma como ele fez as explorações fechadas ao introduzir tópicos de discussão. Não só fui falando sobre as minhas experiências, como o José foi introduzindo temas sobre os quais eu tinha feito um "reset", tal como o luto do meu avô. Lembro-me muito bem de passados trinta anos ainda não ter conseguido fazer o luto, tal como vos disse, na altura não queria aceitar que o meu avô tinha perdido, para mim, ele tinha ido fazer uma viagem. Naquela altura, sempre que pensava nele, sempre que necessitava de um carinho, de apoio, ia para o cemitério para junto da campa falar e chorar.

Hoje, graças ao José, não sei bem de que forma, essa dor foi amenizada, foi curada. Ajudou-me muito, pois ainda era uma dor dentro de mim que ainda não estava sanada, ainda magoava muito. A psicoterapia é muito útil para os borderlines, pois ajuda-nos a refletir e leva-nos a lidar de uma forma mais assertiva com os nossos comportamentos. Com o tempo, ajuda-nos a identificar o gatilho que desperta em nós e em que situações temos dificuldades quando nos deparamos com emoções e sentimentos que não conseguimos controlar.

Passados quase dois anos de sessões e de psicoterapia que me ensinava a identificar os meus momentos piores e mais difíceis, tal como os gatilhos que despertavam as minhas emoções mais exageradas, dei por mim a fazer terapia de casal. No fundo era importante que aquela pessoa que está connosco, que está mais perto de nós, compreenda aquilo que sentimos e o porquê de reagirmos de certas formas para que pudesse lidar melhor com os gatilhos que levam ao nosso descontrolo.

Corria bem, até que corria bem. Durante a psicoterapia, aprendi a identificar e a lidar com os meus pensamentos e emoções. O José ensinava-me algumas estratégias de regulação emocional e comportamental que me permitia aprender a viver de uma forma menos impulsiva, menos instável e mais adequada. Achava que me estava a entender melhor a mim mesma achava que conseguia identificar os "gatilhos", achava que o Fernando me estava a entender a mim, era o único que sabia verdadeiramente qual era o meu problema, não tinha contado a mais ninguém, nem à família, nem aos amigos.

Nessa altura, os processos no tribunal ainda se arrastavam; o processo de divórcio, o processo das responsabilidades parentais, o processo para a pensão de alimentos e o processo de queixa contra a violência doméstica. Infelizmente, a nossa justiça não faz tudo junto num processo, não. Por várias vezes tive de ir ao tribunal repetir-me, voltar a dizer o mesmo, contar a mesma história quatro ou cinco vezes. Tudo isso seria evitável se conseguissem cruzar os processos, as testemunhas, os depoimentos. Mas enfim, é a justiça que temos, para cada caso que no conjunto era o mesmo caso, um processo!

Escusado será dizer que durante dois ou três anos, fui arrastando os meus sentimentos, a minha revolta, o meu passado... Isso tinha um preço, exacerbava todas as minhas emoções, toda a minha revolta, toda a injustiça que sentia por ser uma boa mãe a criar os filhos enquanto o pai andava livre, desempregado, à vontade para se drogar, beber, sair e fazer tudo aquilo que não era positivo para um cidadão numa sociedade.

A raiva que sentia necessidade de expressar era apenas dirigida ao Fernando num sentido figurado, pois não era ele verdadeiramente o alvo da minha raiva, mas algumas figuras do meu passado depois que aconteciam alguns dos meus gatilhos. Toda a vida me senti trocada, inferiorizada, abandonada, mas não foi o Fernando que fez crescer esses sentimentos em si.

A fase que andava a viver, com as audiências no tribunal, trouxe naturalmente uma exacerbação de determinados pensamentos, que geravam em mim sentimentos de tristeza e revolta. Andava mais reativa e compreendia que o que está lá atrás não se encontrava ainda bem resolvido na minha mente. De facto, nem sempre era justa com o Fernando, exagerava nas interpretações de abandono, tinha uma necessidade de atenção tão grande, que se parecia transformar em posse e em controlo.

No limite começava a afastar a pessoa que se começava a sentir demasiado pressionada. Na verdade, ele não compreendia os meus "fantasmas", não valia a pena estar a insistir em transmiti-los, pois, a incompreensão gerava em mim uma revolta ainda maior, pelo que ocultá-los e geri-los no espaço da consulta de terapia com o José seria o mais indicado. É por esse motivo que vamos ao psicólogo, porque quem está à nossa volta mais facilmente nos julga do que nos compreende, é um problema de "consciência social" como nós borderlines tão bem compreendemos.

O José era contra a medicação. Dizia que não iria dissolver os meus pensamentos, apenas "anestesiá-los" e "roubar" temporariamente a minha identidade, tal como fiz antes no passado. Dizia que eu só deveria tomar psicofármacos em situações limite e nas outras deveria esforçar-me para começar a controlar a minha impulsividade, pois só assim ia mudar verdadeiramente. Eu própria queria estar sem medicação, afinal de contas consegui estar sem remédios durante muitos e muitos anos, não quer dizer que estivesse melhor ou fosse melhor pessoa. Mas sim, concordava em não tomar nada e a minha vontade era não tomar nada, não ter bengalas. Como me começava a sentir melhor, resolvi deixar de fumar. Bom, nem vos digo, nem vos conto... Não vos quero assustar, mas deixar de fumar para uma pessoa "normal" já é difícil, agora imaginem para uma pessoa com o transtorno borderline.

Procurei ajuda no centro de saúde através da consulta antitabágica. Foram-me receitados uns comprimidos para deixar de fumar gradualmente. Lembro-me bem do médico me perguntar se eu tinha pensamentos suicidas. Na altura respondi que não, estava bem, começava a sentir-me melhor com a terapia e com a vida, por isso queria deixar de fumar, também porque ninguém à minha volta fumava.

Nem a minha família, nem o Fernando e principalmente os meus filhos que constantemente me chamavam a atenção para o que eu estava a fazer. Passou uma semana, duas com a dose mínima, ao fim de duas semanas a dose é aumentada para o dobro. Até ali tudo bem, realmente tinha perdido a vontade de fumar, o próprio cheiro do tabaco enjoava-me, mas comecei a perceber a minha emoção cada vez mais exagerada, exacerbada. Pior do que isso, dei por mim com imensa vontade de morrer, de me matar, uns pensamentos horríveis que nem mesmo nas minhas piores fases de depressão tinha sentido. Aliás, já não sentia isso desde os meus quinze anos.

Foi horrível, comecei a ter uma sensação de ansiedade, de pânico, uma fobia generalizada, sentia-me a subir às paredes. Lembro-me de ter descarregado tudo no Fernando, ele não percebia aquilo que eu estava a passar; hoje olho para trás e percebo que aquela foi a gota de água, estava no fundo outra vez, sentia-me um lixo, uma porcaria, um zero. Ia a conduzir para o emprego quando sofri uma crise de pânico e fiquei completamente desorientada, os médicos achavam que estava a ter um ataque cardíaco. Imediatamente mandaram parar com o medicamento antitabágico. Mas parar com ele não me tirou a ansiedade, o pânico, a fobia social.

Não somos todos iguais. Já ouvi muitas pessoas que deixaram de fumar com sucesso sem recorrer a nada, outros com uns simples adesivos, outros com este medicamento. Nessa altura cheguei à consulta de terapia e disse ao José, não dá mais José, não consigo estar a viver assim, preciso de medicação, não consigo acordar e adormecer com tanta ansiedade. Ele então por bem sugeriu que fosse a uma consulta com uma psiquiatra pois ela seria a melhor pessoa para me ajudar com a receita de medicação.

Recordo-me de marcar consulta com uma psiquiatra totalmente desconhecida, nunca tinha ouvido falar antes, era a minha primeira vez numa. Sorte das sortes, ou a minha sorte, era uma psiquiatra brasileira. Melhor dizendo, era uma psiquiatra que entendia perfeitamente tudo aquilo que eu estava a dizer. Automaticamente perguntou-me se ao ser diagnosticada com o transtorno borderline, também tinha outro tipo de vícios tais como o álcool, tabaco, calmantes...

Fui sincera e disse-lhe que sim, que abusava um pouco de algumas dessas substâncias pois sentia que me acalmavam, que me aligeiravam o meu stress e ansiedade. Mais uma vez na vida, senti-me completamente compreendida.

Acredito que se fosse um psiquiatra de outra nacionalidade, teria posto em causa o meu transtorno e iria ficar na dúvida com o meu diagnóstico final. O transtorno Borderline não tem cura, mas o paciente que for diagnosticado e realizar o tratamento da melhor forma, tem condições de viver plenamente a sua vida, manter relações saudáveis e não criar prejuízos à vida pessoal, profissional e afetiva.

"Os fármacos funcionam melhor quando usados com moderação e sistematicamente para sintomas específicos.

Os inibidores seletivos da recaptação da serotonina (ISRS) geralmente são bem tolerados; mas esses ISRS só são marginalmente eficazes para depressão e ansiedade em pacientes com transtorno de personalidade borderline. Os fármacos a seguir podem ser eficazes para atenuar os sintomas do transtorno de personalidade borderline:

- Estabilizadores de humor para depressão, ansiedade, labilidade de humor e impulsividade

- Antipsicóticos atípicos (de 2ª geração): para ansiedade, raiva e sintomas cognitivos, incluindo distorções cognitivas transitórias relacionadas a stress (p. ex., pensamentos paranoicos, pensamento maniqueísta, desorganização cognitiva grave)" - Fonte: *ManualMSD*

Acredito plenamente que no caso dos borderlines a medicação pode aliviar os sintomas, mas está longe de tratar as causas, pois antes de tudo o transtorno de personalidade borderline é uma forma de ser ou estar, onde as emoções e os sentimentos são vividos na sua forma mais exagerada e exuberante e por causa disso, as vidas afetivas, familiares e profissionais dos pacientes com este transtorno costumam ser muito disfuncionais.

CAPÍTULO 28
O FIM OU O COMEÇO?

Enquanto para a maioria das pessoas a paixão é um estado passageiro e revigorante, para nós viver é estar apaixonado o tempo todo, mas com os sentimentos negativos a predominarem todo o tempo. Temos dificuldade em nos desprendermos das pessoas com as quais estamos, sentimos que nunca mais seremos amados, temos medo do abandono e da rejeição.

Com a psicoterapia e com a medicação, a Mariana estava outra, a Mariana tinha crescido emocionalmente. Conseguia parar a falar, a "discutir", sem que precisasse de ter um acesso de fúria, ou fugir ou esconder-se a chorar isolada num canto. Ao fim de três anos e meio, a minha relação com o Fernando estava cheia de buracos, cheia de minas que tinham sido ali colocadas por um ao ataque e depois pelo outro à defesa. Era tal como uma casa com a fundação toda esburacada, nem o melhor cimento conseguiria colocar aquela estrutura de uma forma robusta e forte sem que um dia ela ruísse.

Quando sentimos a frieza, o vazio, a falta de empatia, não conseguimos ficar, não conseguimos viver dessa forma, mesmo estando eu bastante mais calma, controlada, "normal". Eu estava mais "normal", mas o Fernando não, sinto que despertei nele os piores sentimentos, a pior pessoa, sinto que criei um "monstro". Ele estava mais agressivo, frio, desligado, eu podia chorar durante duas horas seguidas que a preocupação dele era a limpeza da casa. Não me queria ouvir, não fazia um esforço para me ouvir, centrava-se no seu mundo, no mundo do trabalho, dos pais. Centrava-se nele mesmo com a sua vaidade e forma egocêntrica de ser.

As máscaras tinham caído, já não havia mais nenhuma para eu retirar, aquele era o Fernando verdadeiro, não o que tinha conhecido, desprovido de emoção, cheio de charme e encanto que fazia de tudo para encantar os outros à sua volta. Aquele era um Fernando materialista, insensível, desligado.

Tinha de sair daquela casa, daquela relação, tinha de me focar em mim, nos meus meninos, no meu objetivo, no equilíbrio de criar um lar para nós os três. Assim foi, mais uma vez largava tudo, deixava as coisas para trás, mudava a mobília e as coisas que foram construídas durante quase quatro anos. Vim novamente para os meus pais, mais uma vez estava sem nada, a não ser com as melhores coisas que Deus me deu, os meus filhos, a minha família.

De repente surgiu a oportunidade de alugar uma casa com três quartos, perto dos meus pais, quase ao lado., Não hesitei, era tudo aquilo que eu queria, o momento era o certo, tinha poupanças de lado, agarrei a oportunidade que a vida me estava a dar sem olhar para trás. Tinha um bom emprego, era uma boa mãe, profissional, cidadã e agora tinha a minha casa, o meu lar, o meu ninho com os meus meninos.

Foi uma vitória, eu era outra pessoa, mais calma, mais regulada, sabia o que tinha e sabia como o controlar, não todas as vezes ou alturas pois para um borderline isso é praticamente impossível, mas em quase todas. Era um novo começo.

Por vezes precisamos de deixar certas coisas para virem outras bem melhores...

CAPÍTULO 29
A PANDEMIA

Tinha-me mudado em março de 2019, tinha o meu espaço, a minha casa, a minha liberdade, os meus problemas. Mas eles eram só meus, conseguia lidar bem com eles, era mais fácil lidar com eles do que lidar com os problemas de dois numa relação. Continuava a fazer terapia, continuava a tomar medicação, ia sair com os meus amigos e amigas, ia aos jantares de grupo do colégio, sentia-me feliz assim. Achei engraçado pois nós ainda hoje temos um grupo do colégio com dez ou quinze pessoas que todos os anos ou mais do que uma vez por ano se reúne.

Curioso ouvir as minhas amigas a dizer: "A Mariana não parece a mesma, a Mariana está tão calma". Até me chegaram a dizer que estavam orgulhosas de mim, mas é curioso pois eu não via o quanto o meu comportamento impulsivo e falador por vezes afetava as conversas em grupo.

Foi muito bom ouvir uma amiga a dizer-me: "Estou orgulhosa de ti!", quando eu nunca lhes contei a verdade, o meu verdadeiro transtorno; a minha desculpa para a terapia era a violência doméstica, era o meu passado e a vida que tinha levado. Mas elas estavam orgulhosas da pessoa que eu me tinha tornado, da mãe que eu era, daquilo que construí e que passei sem que me levasse ao fundo do poço.

Quando pensamos que as coisas melhores estão para vir, eis que a vida nos traz outra batalha. Desta vez não era uma batalha só minha, mas uma batalha mundial, era uma guerra de todos, do planeta. E tudo mudou...o covid-19 tinha chegado para mudar toda a nossa vida, os nossos afetos, as nossas amizades, a forma como socializávamos uns com os outros.

No início não foi difícil para mim, ao fim do primeiro mês ainda continuava a levantar-me todos os dias, a arranjar-me para entrar em videoconferência no teletrabalho. Ao fim de algum tempo e de ver as notícias todos os dias, comecei a afundar-me, completamente. Não só comigo, mas com o resto do mundo...

As mortes, o distanciamento social, a falta dos colegas de trabalho, dos abraços, de afetos, das amizades, deixou-me completamente deprimida, angustiada. Nem os medicamentos antidepressivos que eu tomava conseguiam combater isso. Tudo se intensificou, a solidão, o abandono, a rejeição.

Na altura tinha a esperança que as pessoas quando começaram a usar dos meios tecnológicos para se verem à distância, começassem a perceber a verdadeira essência da vida que são as pessoas à nossa volta, aqueles que nos amam e que amamos. Rapidamente percebi que poucas pessoas perceberam a importância disso, parecia até que estavam mais egoístas, mais isoladas de tudo e todos.

Rapidamente me socorri novamente das redes sociais, não só para manter contacto com os meus amigos e família, mas também para conhecer novas pessoas com novas conversas.

Tinha de combater o vazio, a solidão que sentia. Curioso, pois, com quantas mais pessoas eu falava, mais sozinha me sentia, mais eu achava que nunca iria surgir o "tal" nesta altura em que tinha a esperança de que as relações se poderiam desenvolver mais intensamente de uma forma virtual pois as pessoas não podiam estar juntas fisicamente.

Enfim, neste difícil contexto, uma boa parte da população estava vulnerável com sintomas psicológicos a aparecer ou a crescer.

A nova realidade fez emergir medos, angústias, fobias e até mesmo quadros mais graves de depressão em diversas pessoas. Imaginem as pessoas ditas "normais" começarem a ter transtornos psicológicos, agora imaginem nós os borderlines que sentimos tudo com muita mais intensidade.

Precisava, necessitava de uma nova maneira de interação, de uma mudança nas minhas relações sociais. Procurava apoio, diálogo, afeto através de um smartphone ou de um computador.

Mais uma vez recorri às redes sociais de encontros. Desta vez selecionava com muita mais atenção, sabia bem o que queria agora, não era qualquer um que me servia, sabia distinguir bem os traços ou os sinais de alerta. Falei com imensos homens, bloqueei imensos, estavam doentes, piores do que eu até.

Fiquei com algumas amizades, algumas das quais ainda se mantêm até hoje, poucas, mas boas, pois foram uma rede de suporte que estava ali para mim quando eu mais precisava ou quando eles mais precisavam. Mas quanto mais falava, mais o meu desejo na procura daquele que seria o "homem ideal" se desvanecia.

Havia amizade, havia uma ligação, mas o amor, o carinho, o afeto, esses, esses estavam meio perdidos para a maior parte das pessoas. O mundo estava de uma forma que eu não o conhecia, desligado, sem afeto, sem ligação, sem emoção...

As pessoas perderam o charme, a sedução,

Perderam a elegância, a educação. Não sabem
mais o que é fazer a corte

Perderam o rumo, perderam o norte.

Perderam o gosto, perderam o tato. Consomem o
objeto do desejo num só ato.

Dispensam carinho, dispensam intelecto,

Alugam a alma por um pouco de afeto.

Não sabem mais manter a chama.

Desconhecem paz, desconhecem brilho...

CAPÍTULO 30
O AVC

De repente tive um AVC na minha vida, apareceu assim de fininho, sem que eu esperasse, sem que eu desse conta. Calma meus leitores, não foi um acidente vascular cerebral, foi um António Valente Cardoso que a vida me enviou.

O "Tony", diminutivo pelo qual é conhecido, começou a falar comigo nas redes sociais. Tornou-se rapidamente num amigo, em alguém com quem eu adorava falar pois sempre me transmitiu muito otimismo, muita calma, muita esperança, principalmente porque em meados de 2020 tinha perdido o emprego devido à crise que a pandemia provocou. Já não bastava a minha depressão pessoal com a falta de socialização, como agora tinha perdido aquilo que me preenchia diariamente e no qual eu era boa.

Mais uma vez na minha vida, estava desprovida de paixão, estava vazia.... Via o Tony como um amigo a quem telefonar quando me sentia mais sozinha, não sentia uma atração para algo mais do que amizade.

Acho que ele também me via da mesma forma pois as suas primeiras palavras foram: "Não me interesso facilmente, não sou assim tão interessante, sou nostálgico, como dizem os meus amigos, sou o eterno amiguinho." Ao mesmo tempo era uma inspiração para muitos dos seus poemas, pois tal como eu, ele adora escrever, tem uma mente criativa, hiperativa como a minha, mas ao contrário de mim, é calmo, racional, ponderado.

Todos os dias ele me enviava um "bom dia" e quase todos os dias acompanhava com um poema inspirado na minha pessoa. Rapidamente me viciei no iniciar o dia com as suas palavras e os seus poemas profundos que viam a minha pessoa tal como ele é. Ele conseguia enxergar-me muito bem, via o meu interior, a minha essência...

Virgem de Verão

na mais bela

idade outonal,

mulher emocional

e plena de intensidade,

de desejo e de vontade,

dor por tudo o que corre mal,

aprofundada pelo poder sensorial,

ainda que pela porta ou janela

surja sempre uma nova opção!

Corre, tropeça, cai,

chora, sofre, ignora,

levanta-se, enfrenta, vai

e, novamente, em força labora

por um caminho diferente,

roga por boa gente

e um suave futuro e presente

no seu ser bem ardente!

Sorriso aberto

mesmo perante o incerto,

ainda tanto por descobrir,

mas não percas, jamais, o teu reluzir!

António Valente Cardoso

O tempo, os dias, os meses foram passando. Íamos falando, mandando mensagens, íamos conversando. Constantemente ele mostrava-me o quanto me parecia conhecer, perceber, sentir através dos seus poemas. Todos os dias me diz um bom dia através de um poema, através de versos, palavras, frases que tão bem parecem me descrever.

"*Palavras que desabafam sentimentos entranhados,*
boa expiração de momentos mal-amanhados, volta
a transpirar pela pena, pela tinta, essas frustrações,
essas depressões,
para que retomes a pinta, baixos e altos que todos
vivemos, sentimentos negativos dos quais nos é
difícil defendermos, que tropeças, que caias apenas
para te levantares mais forte,
para também entranhares que tens fortuna e sorte,
que tantos são os que tão bem te querem e
desejam,
que to dizem, que to mostram, que o ensejam,
extremos difíceis de controlar,
entre bem e mal, entre tudo e nada, mas continuas
a ser amada e desejada,

António Valente Cardoso

Estávamos na altura do Natal. De repente ele enviou-me uma mensagem a dizer que iria passar por minha casa para deixar umas surpresas natalícias para as crianças. mas que se sentia sempre constrangido em dar/entregar, por isso era melhor apenas deixar ficar e ir embora. Apenas esperava que os meninos desfrutassem, se divertissem, aproveitassem e sem necessidade de agradecimentos. Esse é ele, generoso, altruísta, cuidador. Imediatamente lhe disse que não ia ser assim, ele ia entrar e estar aqui um bocado para estarmos juntos.

Depois de uma longa conversa (e de bastante choro da minha parte), depois de o Tony me estar a ouvir durante duas horas seguidas, o efeito era visível. A Mariana estava bem melhor, mais calma, mais otimista em relação ao futuro. Olhava para ele e percebia o quanto a nossa amizade era importante para mim, o quanto eu precisava daquele homem na minha vida, mesmo não sendo de forma amorosa.

Não o via como uma pessoa intensa, capaz de ser assertivo, capaz de ser intenso e apaixonado como eu sou. Não sentia essa atração, química ou paixão da minha parte. Talvez porque me sentia muito vazia naquele momento, muito desanimada, muito deprimida e angustiada. Não queria mais relações, mais desilusões, mais choro e perda, estava farta de tudo, dos homens, da vida, das relações amorosas.

Na hora de se ir embora, levantei-me da cadeira ao mesmo tempo que o Tony para o ir levar à porta para nos despedirmos. Sentia-me confortável com ele, muito confortada, ao ponto de ter vontade de lhe dar um abraço, aquele abraço que tanta falta me fazia. Espante-se, antes que eu o fosse abraçar, eis que ele de repente pega em mim ao colo e me levanta no ar ao mesmo tempo que me abraçava. Não estava de todo à espera daquela atitude dele, daquela tomada de ação tão romântica, tipo a cena do filme Dirty Dancing com o Patrick Swayze.

Naquele momento passei a olhar para ele de uma forma completamente nova, olhei para ele nos olhos e vi um homem que afinal eu não conhecia nada bem, tinha uma ideia completamente errada dele, afinal ele conseguia ser assertivo, apaixonado e capaz de atitudes surpreendentes. Vi um homem que tinha muito para dar, muito mais do que aquilo que transmitia e aparentava. Naquele momento tudo parou, beijamo-nos e ficamos ali a dar o primeiro beijo.

Sinceramente, tudo o que senti era que só queria continuar, só queria estar e ficar com aquela pessoa que nos últimos meses tanto me confortou e tanto me deu emocionalmente. Sabia com toda a certeza que íamos ficar, íamos continuar, aquele sentimento entre nós não era para acabar pois ele era recíproco. Assim foi.

Todos os dias falávamos, quase todos os dias estávamos e estamos juntos. Todos os dias ele me acordava com um bom dia, com um poema, com os seus textos que me fazem sentir especial, ao mesmo tempo uma sortuda por ter alguém como ele na minha vida, na vida dos meus meninos. Imediatamente senti uma segurança com ele que nunca tinha sentido antes com mais ninguém. Ele sossega-me, conforta-me, apoia-me, tira o melhor de mim quase sempre.

Linhas que se sucedem, sem justificação,
surgem por prazer e sucedem-se com boa emoção,
também eu agradeço, tanto que podia dizer ou
escrever,
seja um bem que mereço
e por ti mais e bem fazer.
obrigado pela curiosidade de me quereres
descobrir,
obrigado por ti, pela acrescentada família e por
tudo o que iremos construir,
fazes-me brilhar e tão bem-estar,
menina, princesa, dama, senhora, lady, mulher,
és o que este homem quer,
manhã, tarde, noite, ao luar e ao acordar!
Por e para ti, estou eu por aqui.

António Valente Cardoso

Nunca lhe tinha escondido o meu problema, quando éramos amigos já lhe tinha dito que sofria deste transtorno, mesmo que isso assustasse qualquer um que chega à internet, pesquisa sobre isso e fica completamente assustado por pensar que podemos ser umas pessoas loucas, agressivas, controladoras, obcecadas. Mas ele não via uma Mariana assim, ele via a minha essência. Ele sabia o que queria e eu também não tinha a menor dúvida. Mas, os borderlines querem tudo rápido, na hora, querem que o outro se submeta às suas vontades.

O Tony intercalava as visitas a minha casa com a sua casa, pois a sua mãe estava doente e durante os últimos meses ele andava com ela para todo o lado. Confesso que pela primeira vez na vida não senti ciúmes disso, pois para quem não sabe, os borderlines têm ciúmes de tudo e todos daqueles que não estejam constantemente com eles a prestar-lhes atenção.

Sinceramente, agora, consigo ver que se calhar a culpa não está em nós, mas no conjunto de pessoas que não consegue equilibrar isso na vida, e o Tony sabe fazê-lo muito bem. Não sinto qualquer necessidade de mais, de exigir mais, não sinto ciúme e falta de controlo por ele não estar a todo o momento comigo.

Pela primeira vez na vida estava ao lado de alguém que me equilibrava, no entanto, o mais difícil para um borderline, o mais difícil para mim é o sentimento de vazio. Ele aparece sem que a gente dê conta, sem que consigamos perceber sequer o porquê de ele aparecer. Numa dessas vezes em que o Tony estava em casa, eu senti-me sozinha, com o vazio, na solidão da minha pessoa. Liguei para ele e "exigi" que viesse ter comigo, que me viesse preencher, que me viesse confortar.

O Tony rapidamente me colocou no sítio, de uma forma calma, segura e assertiva. Disse-me logo que nem tudo o que queremos é o melhor para nós e que ele naquele momento não podia vir apenas porque eu queria.

De forma meiga e calma, explicou-me que no dia a seguir já estaríamos juntos e não fazia sentido vir assim de noite de repente naquele momento, ou seja, ele não abriu exceção. De certa forma, foi um "bater com o pé", abriu-me os olhos e fez-me perceber que ele travou ali muito facilmente uma das minhas atitudes impulsivas.

A postura dele foi necessária para que eu nunca mais voltasse a fazer o mesmo. Se ele tivesse cedido ao meu capricho, tenho a certeza que iria continuar a fazer esse tipo de exigências.

A palavra amor vem do latim amore e tem o radical *am* na sua raiz; raiz essa presente em diversas palavras, tais como amor, amizade, amante, amigo, âmago. O amor é o veículo capaz de ligar o que há de mais fundo e verdadeiro entre um ser e o outro. Essa ligação entre seres denomina-se amor verdadeiro ou amor incondicional. O verdadeiro amor é construtivo, tem a capacidade de despertar o que há de melhor em nós, mesmo com os nossos defeitos e com a nossa imperfeição.

O verdadeiro amor é alguém que te entende, que partilha os teus momentos, que não te julga, não te critica e não te quer mudar. Ama o que és e a tua forma única de ser. Agradeço por ter alguém assim na minha vida, alguém que me ouve, não me julga e compreende ou tenta pelo menos compreender todas as vezes que erro, que tenho os "traços" do meu transtorno presente. Agradeço ao meu AVC por me ter encontrado e por ter ficado.

Obrigada por não desistires de nós.
Obrigada por ficares mesmo conhecendo os meus defeitos.
Obrigada por mesmo quando estás esgotado e cansado, chegares e me dizeres que sou linda, que tudo vai dar certo e que estarás sempre ao meu lado.
Eu sei que haverão lutas e medos
Eu sei que haverão noites preenchidas com lágrimas
Eu sei que não seria a mesma sem a tua companhia e a tua persistência.
Obrigada pela pessoa que és, por cada gesto, por cada prova de amor
Obrigada por me ouvires, por me aconselhares, por me respeitares todos os dias.
Obrigada por não sentires isso como obrigação, fazendo-o por gosto, simplesmente porque me amas...

Hoje é o dia perfeito.

Hoje é o dia perfeito para te dizer obrigada

Obrigada por me trazeres a calma e a paz que o mundo lá fora me tira.

Obrigada, pois eu não vivo sem ti, e sinceramente, não quero experimentar sequer imaginar a vida sem ti....

CONCLUSÃO

Procura informação, faz um questionário acerca do transtorno de personalidade online, existem muitos. Procura alguém que te oiça, que te compreenda, que te escute. Procura as pessoas à tua volta que te percebam, que te oiçam, que conheçam o máximo possível desta doença, essa é talvez a terapia mais importante.

Procura quem não te julgue, mas que te dê conselhos, de forma calma e assertiva, não agressiva. Procura ajuda profissional e se sentires que não és compreendido ou não foste bem diagnosticado por este ou aquele profissional de saúde, não exites em procurar uma segunda opinião.

Procura grupos de apoio, pessoas que falam a mesma "língua" que tu. Não estás sozinho, outros, tal como tu sentem o mesmo, só precisas de os encontrar. Procura formas de canalizar a tua energia, a tua intensidade para outras coisas, faz ginástica, natação, pratica boxe, etc...

Vai para o ioga, faz meditação, escreve, põe música, faz aquilo que te faz sentir bem, calmo, "cheio", pleno de felicidade, bem-estar, conforto. Os medicamentos ajudam a melhorar a tua qualidade de vida, mas não te dão as estratégias certas para lidar com as situações de crise, nem a ti, nem a quem lida contigo diariamente.

Não fiques no vazio, canaliza toda a tua diferença para algo bom, afinal de contas não te esqueças: "És único, és uma edição limitada". Não há mais ninguém que seja igual a ti, todos temos qualidades e dificuldades. Canaliza os teus defeitos para algo de bom na vida, e aí, aí tu és e serás especial!

Citando João Carlos Melo, autor do recente livro "Reféns das próprias emoções": "Fazendo estimativas por baixo, podemos admitir que existam em Portugal 200 mil pessoas com a doença. E se considerarmos que ela acaba por afetar todas aquelas com quem a pessoa se relaciona em privado, podemos aceitar que, direta e indiretamente, são afetados quase um milhão de portugueses. É muito".

Se te reviste na minha história ou se conheces alguém, se experimentas ou vivencias muitos dos sentimentos aqui descritos, então procura ajuda.

A partir do momento que decidires que não queres mais a toxicidade na tua vida, ela muda... só tens de decidir e acreditar. Só tens de tomar uma atitude. Só tens de te começar a amar e isso passa por te aceitares, com as tuas qualidades, os teus defeitos.

Não tenhas medo de expor o teu problema, não és culpado, não tens culpa de sofrer deste "transtorno", é uma condição biológica, neurológica. Já sabes que muitos profissionalmente, relacionalmente não o vou compreender, não te importes com isso, salta fora quando não te sentires bem. Mas, acima de tudo procura sentires-te o melhor possível, procura fazer com os outros que te rodeiam se sintam o melhor possível.

Por vezes aqueles que amamos são os que mais sofrem, vais ter provações pessoais, no trabalho, na tua vida, mas não desistas. Tal como a nossa doença com altos e baixos, também vais ter o: "Amanhã é outro dia..." Acredita nisso para nunca desistires. Acredita que és especial, um ser "único", plantado na terra para semear o bem, mesmo que por vezes vivas no mal. Nunca deixes de acreditar que tudo pode melhorar!

O mundo precisa de ti. O caminho vai ser longo e difícil. Vais ser criticado e vais falhar... mas se apesar de cada falhanço, cada crítica e cada sofrimento continuares a dar o teu melhor, então é porque te tornaste em alguém especial!

Talvez eu nunca possa deixar a terapia, a medicação, talvez eu ainda vá encontrar muitas pessoas ao longo do caminho que me vão "estigmatizar", mas eu sei o meu valor. Aqueles que me amam e me conhecem sabem o meu valor, sabem que sou "diferente", especial, sou única. Isso é o suficiente para mim, saber o meu valor!

Muitos sorrisos,
Muitas lágrimas.
Muita força
muita fraqueza.
Muita música,
muitas emoções.
Muitos corações,
muitas tristezas.
Muito tudo,
Muito nada.
Ou sou tudo,
Ou sou nada.
Queimada pelo fogo,
Renascida das cinzas.
Podes ver-me a cair,
Vais ver-me a levantar.
Ou sou tudo,
Ou sou nada.
Muita luz,
muita sombra.
Muitas alegrias,
muitas companhias.
Ou sou tudo,
ou sou nada!